INHALT

DEN NAHEN OSTEN VERSTEHEN

Am 7. Oktober 2023 entdeckte ich kurz vor sieben Uhr morgens mit Entsetzen in den sozialen Medien Video-sequenzen aus dem Süden Israels, der Grenzregion zum Gazastreifen. Es handelte sich um Szenen, die fast in Echt-zeit weltweit zu sehen waren. Menschen, die in Scharen panisch über ein Feld flohen. Terroristen, die Familien in ihren Häusern brutal überfielen. Andere zeigten, wie der Grenzzaun durchbrochen wurde, schwer bewaffnete Kämpfer hysterisch lachen. Eine Katastrophe war im Gan-ge, das schlimmste anzunehmende Szenario. Palästinensi-sche Terroristen, angeführt von der Hamas, hochgerüstet vom Iran, griffen Israels Zivilbevölkerung an.

Dieser Tag hatte das Potenzial, die Welt zu verändern, einen regionalen Krieg, einen regelrechten Flächen-brand auszulösen. Die Gewalt war unerträglich. Mehr als Tausend Menschen starben im Hamas-Terror, Gei-seln wurden verschleppt. Im Krieg Israels gegen die Hamas starben Zehntausende. Die Millionen Menschen in dem Gebiet waren im Bombenhagel gefangen. Das Krisengebiet rückte ins Zentrum der internationalen Aufmerksamkeit und die heillos verwirrenden Hand-lungsstränge der vergangenen Jahrzehnte wurden zu Drei-Minuten-Beiträgen im Fernsehen oder zu schnel-len Schlagzeilen im Internet zusammengefasst.

Begriffe wie »Hamas«, »Hisbollah«, »Westjordanland« und »besetzte Gebiete« prasselten auf uns ein. Zentrale Fragen stellten sich, etwa warum das iranische Regime Israel auslöschen will, weshalb der Libanon von einer Extremisten-Miliz beherrscht wird oder warum Israels Armee die syrische Hauptstadt Damaskus bombardiert, obwohl sie eigentlich den Iran treffen möchte, um den Terroranschlag einer palästinensischen Extremistengruppe zu rächen.

So entstand die Idee zu diesem Buch. Basierend auf mehr als 25 Jahren der Tätigkeit als Krisenberichterstatterin in Nahost versuche ich hier das schier Unmögliche: zu helfen, die Nahost-Konflikte zu verstehen. Ich habe Politikwissenschaft mit dem Schwerpunkt »Internationale Beziehungen« studiert, mich dabei auf diesen Raum spezialisiert, habe von 1998 bis 2024 etwa dreißigmal auch aus Israel und den Palästinensischen Gebieten berichtet, sehr oft aus dem Iran und Irak, aus Syrien, dem Libanon, Ägypten und Jordanien sowie aus der Türkei. Von Bürgerkriegen, Terrorgruppen, der Palästinensischen Intifada, den Kriegen in Gaza. Teil meiner Arbeit war es, Interviews zu führen. In Trainingscamps von Selbstmordattentätern, mit Friedensaktivistinnen und führenden politischen Figuren wie Jassir Arafat, mit den einstigen Präsidenten von Israel und dem Iran, Shimon Peres und Mohammed Khatami. Als Journalistin habe ich in den Medien über die Lage in der Region nach dem 7. Oktober 2023 berichtet, zeitweise auch aus Israel.

Das Ziel dieses Buches ist, aus meiner Perspektive diese Lage so zu beschreiben, dass Einsteiger und Einsteigerinnen in das Thema möglichst gut lesbare Basis-informationen erhalten. Niemals ist es möglich, eine so komplexe Region und ihre Geschichte in einem Buch zu verdichten. Ich musste stark eingrenzen und konzentriere mich daher auf zwei Bereiche. Auf die Lage in Israel und den Palästinensischen Gebieten und die Geschichte nach dem Ersten Weltkrieg, die oft zu wenig beleuchtet wird, obwohl die zentralen Weichen gestellt wurden, sowie auf den Iran und die Staaten und Milizen, die das Land kontrolliert.

Die Fußnoten sind so gesetzt, dass sie den Weg zu weiterführenden Informationen anzeigen, auch bei Themen, die ich hier nur kurz behandle. Zitate, die ich nicht gesondert ausweise, stammen aus Interviews, die ich geführt habe, oder sind Teil des »allgemein zugänglichen Wissens«.

Mir ist wichtig, zu betonen, dass es hier nicht um *die eine Wahrheit* geht: Dies ist ein Buch mit Blick auf die Folgen des 7. Oktobers 2023 für den gesamten Nahen Osten. Bewertung und Erklärung sollten nicht verwechselt werden, was gerade bei diesem Thema derzeit sehr oft passiert. Die Kritik am Vorgehen von Israels Armee im Gazastreifen sollte niemals als Kritik an Israels Entscheidung, Krieg gegen die Hamas zu führen, verstanden oder so formuliert werden. Dieses Beispiel soll illustrieren, was dieses Buch schaffen möchte. Fakten so aufzubereiten, dass ein vielfältiges, faires Bild entsteht. Es ist ein Angebot, von den Barrikaden herunterzusteigen, ob innerlich oder tatsächlich. Immer auch die andere Seite zu sehen, auch bei Protesten in Europa.

Mir stellt sich die Frage, ob es hier überhaupt zwei Seiten gibt. Der Polit-Psychologe Oded Adomi Leshem, der an der Hebräischen Universität in Jerusalem lehrt und forscht, hat einen für mich zentralen Satz formuliert: »Viele teilen derzeit die Welt in Lager ein, in ein pro-israelisches und ein pro-palästinensisches, das hat aber nichts mit der Realität zu tun.« Weiters sagt er: »Es gibt zwei andere Gruppen. Jene, die nun noch mehr zu Extremen neigt, und jene, die dazu bereit ist, die aktuelle Krise als wachrüttelnden Schockmoment zu begreifen und konstruktiv zu einer Lösung beizutragen.«

Es wird hier nicht um Schlagworte gehen, um Beschuldigungen. Hier geht es um das Bedürfnis der jüdischen Bevölkerung Israels nach Sicherheit und jenem der Palästinenser nach Freiheit. So ist es ein Plädoyer für eine Zwei-Staaten-Lösung und ein Buch, das die regionale Bedeutung dieses Konflikts beschreibt. Es möchte den Blick dafür öffnen, Frieden vor allem als Basis von Veränderungen zu begreifen und auch die andere Seite zu sehen.

»Ich hoffe, dass in meinem Herzen derzeit genug Platz ist, den fürchterlichen Schmerz von beiden Seiten aufzunehmen.« – Dieser Satz fiel in einem Gespräch mit Rakefet Enoch. Sie ist für die Organisation *Bereaved Families* tätig, in der jüdische und palästinensische Familien zusammenarbeiten, deren Kinder bei Terror und gewaltsamen Zusammenstößen getötet wurden. Solche Initiativen versuchen, Gedanken von Rache zu überwinden und Impulse zu setzen, um aus dem Kreislauf von Schlägen und Gegenschlägen herauszufinden. Ich hoffe, dass versöhnende Stimmen wie diese auch eine Inspiration für die Beschäftigung mit dem Konflikt außerhalb der Region sind. Denn es geht um sehr viel. Der 7. Oktober 2023 leitete eine Ära ein, in der weltweit der Antisemitismus dramatisch zunahm und unverschämt sichtbar wurde. Im Kalenderjahr 2023 hat die Antisemitismus-Meldestelle der *Israelitischen Kultusgemeinde Wien* (IKG) insgesamt 1.147 antisemitische Vorfälle registriert, um sechzig Prozent mehr als im Vorjahr.[1] »Wir leben in der gefährlichsten Phase für Juden und Jüdinnen seit der Gründung des Staates 1948«, betont der israelische Journalist Anselm Pfeffer den Ernst der Lage.

Es ist möglich, es muss sogar möglich sein, davon erschüttert zu sein, dies schonungslos aufzuzeigen und gleichzeitig den Tod von Zehntausenden Menschen im Gazastreifen und die Hungersnot, die infolge des Krieges Israels ausgelöst wurde, scharf zu kritisieren. Es gibt ein humanitäres Völkerrecht, das es zu respektieren gilt, darauf müssen Menschen in einer Demokratie beharren dürfen. Und es sollte für Menschen in einer Demokratie völlig ausgeschlossen sein, mit Terror zu sympathisieren und dafür auf die Straße zu gehen.

Es ist also sehr leicht, den Nahen Osten zu verstehen. Solange man nicht in die Falle tappt, in *gut* und *böse* einteilen zu müssen. – Apropos »man«. Ich gendere dieses Buch nur in Ansätzen, verwende da sowohl die weibliche wie auch die männliche Form, um die Sichtbarkeit aller zu verbessern.

1

DER TAG,
DER ALLES ÄNDERTE

Wie der 7. Oktober 2023 Israelis und
Palästinenser veränderte und die
Traumata beider Seiten verstärkte

Es wird Jahre dauern, bis die volle Tragweite der Ereignisse des Terrorangriffs vom 7. Oktober 2023 fassbar wird. Aber es war bereits um die Mittagszeit dieses Tages klar, dass eine Zeitenwende folgen würde. Mit unfassbarer Brutalität griffen 3.000 palästinensische Terroristen in den Morgenstunden zwei Dutzend israelische Dörfer im Grenzgebiet zum Gazastreifen sowie ein Musikfestival an. Sie ermordeten 1.195 Menschen, 815 davon Zivilisten. Unter ihnen Kinder, sehr alte Menschen und ausländische Arbeitskräfte.[2] Sie starben unter fürchterlichen Qualen, Frauen und auch Männer wurden sadistisch zu Tode vergewaltigt. Eltern und Kinder vor den Augen ihrer Liebsten gefoltert. Die Terroristen zielten auf Menschen aus nächster Nähe, jagten Sterbende. 251 Menschen wurden nach Gaza verschleppt, auch Kleinkinder und gebrechliche Senioren.

Es war der drittgrößte Terroranschlag in der Geschichte, die Opferzahl in Relation zur Bevölkerung war etwa 15-mal so hoch wie bei den Attentaten vom 11. September 2001 in den USA.[3] Seit dem Holocaust sind nicht mehr so viele Juden und Jüdinnen bei einem Angriff getötet worden.

Die Schockwellen ebbten über Monate nicht ab. »Wir erleben diesen 7. Oktober jeden Tag aufs Neue«, schrieb die israelische Historikerin Fania Oz-Salzberger erschöpft ein halbes Jahr nach dem Attentat.

Das Schicksal der Geiseln erschütterte Israel, die tiefen Konflikte in der Gesellschaft verschärften sich. Milizen drohten mit einem Mehrfrontenkrieg, der Konflikt mit der Hisbollah des Libanons und dem Iran eskalierte.

»Wir werden die Hamas völlig vernichten.« Dies erklärte Premierminister Benjamin Netanyahu zum zentralen Ziel des Krieges, den er der Terrorgruppe erklärte. Es wurde der Längste in Israels Geschichte. Bei den Bodenoffensiven und dem Luftkrieg gegen die Hochburg der Hamas im Gazastreifen gerieten die 2,3 Millionen Menschen in dem Gebiet, gerade so groß wie das Wiener Stadtgebiet, schonungslos ins Visier.

Gaza wurde blockiert. Ohne eine Chance auf Flucht, von Hilfslieferungen phasenweise völlig abgeschnitten, kämpften die Menschen in ihrer ausgebombten Heimat ums Überleben. Nach zehn Monaten Krieg waren 40.000 tot. »Dieser Anteil der Opfer macht den Krieg in Gaza zu einem der fünf tödlichsten des 21. Jahrhunderts«, rechnete Michael Spagat von der *University of London* vor.[4] »Nimmt man den Faktor Zeit hinzu, ist die Bilanz noch heftiger. Niemals zuvor sind so schnell so viele in einem Krieg umgekommen.«

Dutzende Male wurden die Menschen von einer notdürftigen Unterkunft zur nächsten getrieben, Krankenhäuser gerieten unter Feuer, Trinkwasser fehlte, Epidemien brachen aus. »Ich beginne zu hoffen, dass meine Kinder und ich schnell sterben, damit die Qualen enden, die wir jede Sekunde erleben«, schrieb eine Ärztin in dem Gebiet im Februar 2024. Da lagen noch Monate Krieg vor den Menschen.

Wie zynisch Hamas-Chef Yahya Sinwar, der Drahtzieher des Angriffs vom 7. Oktober 2023, dieses Leid seiner Leute in Kauf genommen hat, illustrierten Nachrichten, die er an die Verhandlungsteams der politischen Führung der Terrorgruppe schickte, während diese über einen Waffenstillstand verhandelten.[5] Die Toten seien »notwendige Opfer«, schrieb er im Frühling 2024 aus seinem Versteck in einem Bunker. »Wir haben jetzt die Israelis genau dort, wo wir sie haben wollen.« Der Krieg sollte weitergehen, denn er würde den Gegner schlussendlich in die Knie zwingen.

Er spielte damit auf die wachsende Spaltung der israelischen Gesellschaft an. Die Einigkeit während der ersten Kriegsphase erodierte bald. Der Zorn auf die fahrlässig späte Reaktion der israelischen Armee und das Versagen des Krisenmanagements kochte über. Die Bruchlinien, die es schon vor dem Krieg gegeben hatte, wurden zu Gräben. Israels Zivilgesellschaft hatte sich im Jahr zuvor mit Großdemonstrationen gegen die geplante Justizreform der Regierung gestemmt. Diese hätte die Befugnisse der Höchstrichter einschränken sollen. Die Demokratie sei in Gefahr, hieß es. Teile der Armee schlossen sich dem Protest an. Elite-Einheiten der Luftstreitkräfte drohten ihren Miliz-Dienst zu verweigern.[6]

»Zu dem Fiasko vom 7. Oktober 2023 ist es auch gekommen, weil das Vertrauen zwischen der politischen und militärischen Führung Israels brüchig geworden war«, lautet die Einschätzung von Joseph Bahout, Professor an der Amerikanischen Universität Beirut, und ergänzte: »Damit Israels Bevölkerung einen palästinensischen Staat akzeptiert, brauchen die Menschen nun sehr robuste Sicherheitsgarantien.«

DIE ANGST VOR EINEM FLÄCHENBRAND

Würde ein solcher Staat entstehen, wer könnte verhindern, dass Extremisten an die Macht gelangen? Dass sich ein Tag des Terrors wie der 7. Oktober wiederholen könnte? Diese Fragen standen im Raum. Gleichzeitig lautete die Antwort aller Fachleute darauf, wie der Konflikt zu lösen sei und Extremisten das Wasser abgegraben werden kann, dass dies nur durch die Schaffung eines unabhängigen palästinensischen Staates möglich sei, in dem die fast sechs Jahrzehnte dauernde Besetzung ende.

Zwei Millionen Palästinenser und Palästinenserinnen leben im Gazastreifen und 3,3 Millionen im Westjordanland. In Israel selbst ungefähr zwei Millionen. Sie stellen ein Fünftel der zehn Millionen Menschen in dem Land und haben die israelische Staatsbürgerschaft. 370.000 Palästinenser leben in Ostjerusalem und verfügen nur über einen Aufenthaltsstatus. Für sie alle braucht es Zukunftsperspektiven ohne Besetzung, Krieg, Terror und Gewalt.

Israels politische Führung hatte in den Jahren vor dem Angriff darauf gesetzt, mit wirtschaftlichen Anreizen und drakonischen Sicherheitsmaßnahmen in den besetzten palästinensischen Gebieten den Konflikt verwalten zu können. Man ist davon ausgegangen, wirtschaftlich erfolgreich sein zu können und dabei an der Besetzung der palästinensischen Gebiete nichts ändern zu müssen. »Diese Strategie ist am 7. Oktober gegen eine Mauer gedonnert und hat sich als katastrophaler Fehler entlarvt«, sagt Yohanan Plesner, Präsident des *Democracy Institute* in Jerusalem.[7]

Entsetzen löste quer durch alle politischen Lager Israels ein Schritt des Chefanklägers des Internationalen Strafgerichtshofs Karim Khan aus. Er forderte im Mai 2024 gleichzeitig und in einem Antrag zusammengefasst einen Haftbefehl gegen die Führung der Terroristen Hamas wegen Verbrechen gegen die Menschlichkeit und auch gegen Israels Führung wegen mutmaßlicher Kriegsverbrechen.[8] Khan bestätigte Israels Recht auf Selbstverteidigung, doch er beanstandete massiv die Kriegsführung im Gazastreifen sowie die fehlende humanitäre Versorgung. Zuvor hatte bereits im Dezember 2023 Südafrika in einer Klageschrift an den Internationalen Gerichtshof den gravierenden Vorwurf erhoben, dass Israel Völkermord an den Palästinensern begehe.[9]

Viele jüdische Israelis waren vor den Kopf gestoßen: Plötzlich richteten sich die Vorwürfe gegen ihre politische Führung in gleichem Maße wie gegen die Terroristen. Auch dies war ein Schock, der zeigte, wie dramatisch die Lage eskalierte und die Glaubwürdigkeit Israels als stolze Demokratie in Gefahr geraten war. »Ich glaube wir sollten selbst unter schwersten Bedingungen nie das eigentliche Ziel aus den Augen verlieren«, betonte der ehemalige Regierungschef Ehud Barak[10]: »Wir sollten die Zwei-Staaten-Lösung nicht wegen der Gerechtigkeit den Palästinensern gegenüber anstreben. Das ist nicht meine Priorität. Wir müssen eine klare Trennung von ihnen vollziehen, um unsere Sicherheit, unsere Zukunft und vor allem unsere Identität zu schützen.«

Sicher war in der Ära nach dem 7. Oktober 2023: So wie bisher konnte es nicht weitergehen. Es war eine »Zeit der Monster«, wie der Philosoph Antonio Gramsci Übergangsphasen definierte, in der die alte Welt aufhörte zu existieren, eine neue aber noch nicht entstanden war.[11]

Hamas-Chef Sinwar hatte das Attentat geplant, um die politische Führung der Palästinenser zu übernehmen, vertraute darauf, dass der Iran, der Pate der Hamas und die »gemeinsame Front« aller Terrorarmeen in Nahost, in diesen Konflikt eingreifen würden. Zum Teil trat dies ein. Die Gefahr eines regionalen Flächenbrandes rückte in den Raum. Die libanesische Hisbollah-Miliz attackierte das Land aus dem Norden. 100.000 Israelis und ebenso viele Libanesen wurden aus den Grenzgebieten in Sicherheit gebracht oder flohen. Bis zu 600 Raketen pro Tag schlugen im Sommer 2024 in Israel ein, Dutzende starben, darunter Kinder, die Fußball spielten, die Wälder standen in Flammen. Israels Armee griff Stellungen der Hisbollah an, es kam im April 2024 zur ersten direkten militärischen Konfrontation mit dem Iran.

Dazu fachten Mitglieder von Israels Regierung den Konflikt weiter an, ein Minister forderte gar den Einsatz von Atombomben gegen Gaza.[12] Im von Israel besetzten Westjordanland spitzte sich die Gewalt dramatisch zu. Auch hier wurden palästinensische Extremisten vom Iran hochgerüstet. Israels Armee ging auch hier mit Luftangriffen und Bodenoffensiven gegen Terrorzellen vor, die Selbstmordattentate vorbereiteten. Die Gewalt in diesem Gebiet wurde zu dem Zeitpunkt aber vor allem von Milizen radikaler jüdischer Siedler provoziert. Sie griffen meist ungestraft Palästinenser und ihre Dörfer an, wurden von Teilen der Regierung gedeckt. »Für mich ist es eine Zeit der Wunder. Es fühlt sich an, als würde ich vor einer Verkehrsampel stehen und plötzlich zeigt sie Grün«, kommentierte Orit Strook, eine Ministerin der radikalen Partei *Religiöser Zionismus*, freudig die Gewalt. »Der Terror der Siedler in diesen palästinensischen Gebieten gefährdet die Existenz Israels«, warnte hingegen Ronen Bar, der Chef des Inlandsgeheimdienstes Shin Bet im August 2024.[13]

EINZIGER AUSWEG FRIEDEN

»Unsere Region ist dabei, in einem Meer von Hass unterzugehen«, fasste Ayman Safadi, Jordaniens Außenminister, Mitte November 2023 die düstere Zukunftsangst vieler zusammen, die sich auch in den Nachbarstaaten breitmachte. Um trotzdem Konturen einer Losung dieses Konfliktes auszumachen, braucht es eine gewaltige Portion Optimismus. Oder mehr. »Wer nicht an Wunder glaubt, ist kein Realist.« Dieses Zitat stammt von David Ben-Gurion, dem Staatsgründer und ersten Regierungschef Israels. Der Hamas-Terror erfolgte im 75. Jubiläumsjahr des Staates. Statt zu feiern, prägt den Alltag im Jahr 2023, wie bereits bei der Stunde Null, brachiale Gewalt.

Zu einer der größten Hürden für eine Lösung des Konfliktes wurde, dass beide Seiten in dieser Eskalation das Leid der anderen aus den Augen verloren hatten. Dies im eigentlichen Sinn des Wortes. Zwei Drittel aller jüdischen Israelis hatten bis zum April 2024 keine einzige Aufnahme der Zerstörung und des Krieges im Gazastreifen gesehen.[14] Auch viele Palästinenser im Gazastreifen und dem Westjordanland verweigerten den Blick auf die Realität. Nur zehn Prozent haben nach einem halben Jahr Krieg ein Foto oder Video der Gräueltaten vom 7. Oktober wahrgenommen, der Großteil hielt es jedoch laut einer Umfrage für »ausgeschlossen, dass die Hamas Kriegsverbrechen« verübt habe.[15]

Der stärkste Impuls für eine friedliche Lösung des Konfliktes kam aber von jenen, die sehr genau hingesehen hatten, hinsehen mussten, von jenen, die am meisten verloren und erlitten hatten. Von Familien der Toten des 7. Oktobers 2023. »Ich weine oft um meine Eltern, aber auch aus Trauer über hundert Jahre Gewalt. Wir müssen den Kreislauf von Gewalt stoppen«, bekräftigte Maoz Inon, dessen Eltern Bilha und Yakovi Inon in einem der angegriffenen Kibbutzim lebten und dort ermordet wurden.[16] Der Unternehmer betreibt Hotels, eines in der von Palästinensern bewohnten Altstadt von Nazareth. »Hoffnung ist kein leeres Wort, es ist eine Handlung, deshalb gehe ich für eine friedliche Lösung des Konfliktes auf die Straße«, sagte er. »Das Erbe meiner Eltern soll ein historischer Durchbruch zum Frieden sein. Nicht ein noch größerer Krieg.«

1.1 ISRAEL UND DER TAG DES TERRORS

Omer Tov wurde zwei Jahre alt. Auf seinem Grab liegen ein Plastikflugzeug und ein kleiner LKW. Auf dem seiner beiden Schwestern, den fünfjährigen Zwillingen Shachar und Arbel, ein grüner Bulldozer. Die drei Kinder sind erstickt, nachdem Hamas-Terroristen am 7. Oktober 2023 ihr Haus im Kibbuz Nir Oz in Brand gesteckt hatten. Auch ihre Eltern, Tamar und Yonatan Tov, kamen dabei um. 112 Menschen sind hier bei dem Angriff gestorben oder verschleppt worden.[17] Der Kibbuz, wo die Familie lebte, war besonders stark betroffen. Dies auch, weil Israels Armee im Chaos schlicht auf Nir Oz vergessen hatte, wie ein Kommandant später eingestand. Als die rettende Armee endlich auftauchte, um halb eins am Nachmittag, war es zu spät. Viel zu spät.

Das Grauen begann um 6.29 Uhr. Sirenen heulten am frühen Morgen dieses Schabbats. Es war auch ein Feiertag, Shemini Atzeret, ein Anlass, mit Freunden und Familie zusammen zu sein. Raketenalarm war in Nir Oz, das nur 1,8 Kilometer von der Grenze zu Gaza entfernt ist, nicht ungewöhnlich. Bereits in den Jahren zuvor terrorisierte die Extremistengruppe Israel regelmäßig mit selbstgebauten Geschoßen. Wenige reichten weiter als ein paar Kilometer. Nahe genug allerdings, um für einen Ort wie diesen gefährlich zu werden.

Spätestens um 7.15 Uhr war aber klar: Dieser Angriff ist anders, ganz anders. »Terroristen, die als Soldaten verkleidet sind, sind im Klinik-Areal«, warnte ein Bewohner seine Nachbarn in der gemeinsamen WhatsApp-Gruppe. Die Terroristen stürmten von allen Seiten ins Dorf, über den Weinberg, das Eingangstor. Hunderte weitere Nachrichten berichten davon und von der unendlichen Panik, die folgte. »Wo ist die Armee???«, schrieb um 9.30 Uhr David Cunio. Fünf Minuten später schickte seine Frau Sharon die Nachricht: »Helft uns, sie sind in unserem Haus. Wo ist die Armee???« Um 11.13 Uhr: »Helft uns, das Haus brennt, die Mädchen ersticken.«

Eine Lawine solcher Nachrichten ist dokumentiert. Als die Armee das Dorf schlussendlich erreichte, waren die Terroristen verschwunden. Und mit ihnen ein Viertel der Menschen, die hier gelebt hatten.

Der Journalist Amir Tibon lebt noch, weil er eine Nachricht nicht an die Sicherheitsbeamten, sondern an einen pensionierten Soldaten geschickt hatte, seinen Vater. »Saba higea«, rief Galia, seine kleine Tochter am Nachmittag des 7. Oktobers 2023, nachdem sie ein Klopfen an der Tür des Bunkers und vertraute Stimmen gehört hatte. Es bedeutet: »Der Opa ist hier.« Zu diesem Zeitpunkt hatten Amir Tibon, seine Frau Miri und ihre Kinder zehn Stunden im Bunker des Hauses im Kibbuz Nahal Oz verbracht. In völliger Dunkelheit, ohne sich zu bewegen, ohne einen Mucks zu machen.[18]

Sie waren durch das Pfeifen von Granaten geweckt worden. Vor der Flucht in den Bunker, wo es keinen Empfang für das Mobiltelefon gab, gelang es Tibon, noch eine Textnachricht an seinen Vater zu schicken. »Hilfe, hier sind Terroristen.«

Der sechzigjährige Noam Tibon, einst General in der Armee, organisierte mit ehemaligen Kameraden ein Rettungskommando. Auf dem Weg von Tel Aviv zu seinem Sohn und seiner Familie bekamen sie einen Eindruck davon, wie dramatisch die Lage war. Sie passierten verlassene Autokolonnen, die Menschen in den Fahrzeugen erschossen in den Wracks.

WARUM ISRAELS ARMEE ZU SPÄT KAM

Um drei Uhr morgens nahm die Katastrophe in der Katastrophe ihren Lauf.[19] Beamte des israelischen Inlandsgeheimdienstes Shin Bet beobachteten für diese Tageszeit ungewöhnliche Aktivitäten im Gazastreifen. Man hielt es für eine Übung. Ihr Urteil wäre anders ausgefallen, hätte man den Warnungen der Soldaten, die hier positioniert waren, geglaubt und wenigstens die Funkgeräte abgehört. Aber die Einheit 8200, deren Job die digitale Überwachung ist, hatte im Jahr zuvor aufgehört, solche Gespräche abzuhören. So konnten die Hamas-Terroristen nur wenige Kilometer neben der israelischen Armee ein Jahr lang ungestört für diesen hoch komplexen Angriff trainieren. Sie spionierten die Pläne der Dörfer aus, wussten, wo die Sicherheitsteams stationiert waren, organisierten sich in Angriffsgruppen und wussten ebenso, wie sie gezielt den Hochsicherheitszaun ausschalten konnten.

1,2 Milliarden Euro hat dessen Bau gekostet, der drei Jahre dauerte.[20] »Eine Barriere der Spitzenklasse, ausgestattet mit bester Technologie«, lobte der damalige Verteidigungsminister Benny Gantz das Projekt, als es vor vier Jahren fertiggestellt wurde. »Er wird unsere Bevölkerung vor den Terroristen schützen und dafür sorgen, dass dieser Teil Israels blüht und gedeiht«, sagte er.

Wie einfach es gelang, ihn zu überwinden, wurde zu einem Symbol dafür, wie sehr Israels Strategie gescheitert war. Die Illusion, man könnte mit dem Wegsperren des Gazastreifens, der nach der Machtübernahme des Terrorheeres der Hamas im Jahr 2007 von Israels Armee isoliert worden war, das Problem mit Hightech und einer Mauer lösen, zerplatzte. Mit dem Blick auf Gaza verstellte die Mauer aber auch den Blick dafür, wozu die Terroristen fähig sein könnten. Und so auch jede Vorbereitung.

Per Autostopp und selbstorganisiert in Fahrgemeinschaften hasteten die Einheiten der israelischen Armee, die viel zu spät alarmiert wurden, den Menschen zur Hilfe. Zwei Tage dauerte es, bis die Folgen unter Kontrolle und alle Hamas-Terroristen gefasst waren. Ein Angriff, von dem man überzeugt gewesen war, dass er niemals hätte passieren können.[21] Monate warnten Mitglieder der Sicherheitskräfte Regierungschef Benjamin Netanyahu, dass sein rigides Vorgehen in den palästinensischen Gebieten und die vielen Provokationen seiner Regierungsmitglieder die Sicherheitslage gefährlich verschärften.

Im Juli 2023 wollte ein General vorsprechen und ihm von Geheimdienstberichten erzählen, die auf einen möglichen Angriff palästinensischer Terroristen hinwiesen. Netanyahu hatte keine Zeit. Das Hauptproblem war rasch offensichtlich, wie es General Guy Hazoot in einem Buch zu den Mängeln der israelischen Armee zusammenfasste[22]: »Es gelang der Hamas, die stärkste Armee des Nahen Ostens faktisch auszuschalten, indem sie die Ignoranz unseres Militärs ausnutzte.«

Mit der Offensive gegen die Hamas im Gazastreifen versuchte Israels Armee, ihren Nimbus der schlagkräftigsten Armee der Welt wiederherzustellen, die Bevölkerung wieder hinter sich zu einen. Doch es wurde eine zähe, schwierige Offensive gegen Stellungen der Hamas und der zweiten, kleineren Extremistengruppe *Islamischer Palästinensischer Jihad*, die auch vom Iran finanziert wird.

Internationale Medien erhielten keinen Zugang in den Gazastreifen, so war die Welt auf Berichte von Journalisten und Journalistinnen vor Ort angewiesen. Sie leisteten heroisch ihre Arbeit, denn sie gerieten massiv unter Feuer. Mit Stand August 2024 wurden laut der Organisation *Komitee zum Schutz des Journalismus* 113 Medienleute in dem Krieg getötet; die höchste Zahl seit Beginn der dortigen Datenerhebung. Vieles, was in dem Krisenjahr passiert ist, wie es sich ereignet hat, wird angesichts der Einschränkungen der Berichterstattung aber erst viel später klar werden. Als Journalistin, die mehrmals auch aus Gaza berichtet hat, möchte ich betonen, wie zentral der freie und sichere Zugang von Medienleuten in Kriegsgebieten ist, um tatsächlich zu verstehen, was passiert. Dies war im Gaza-Krieg nur unter sehr erschwerten Bedingungen möglich.

So gab es heftige Diskussionen, als Vorwürfe gegen einzelne Soldaten der israelischen Armee bekannt wurden, die in Gaza im Einsatz waren. Vieles konnte nicht unabhängig überprüft werden. Bestens belegt sind aber massive Vorwürfe gegen jene Einheiten, die in Israel im Gefängnis Sde Teiman mutmaßliche Terroristen bewachten. Viele der Inhaftierten wurden hier ohne Anklage oder gar ihren Schuldspruch festgehalten. Wie Berichte zeigten, die im Juli 2024 an die Öffentlichkeit gerieten, wurden die tausend Insassen mitunter brutal misshandelt. Ein Mann wurde so schwer vergewaltigt, dass er mit inneren Verletzungen ins Krankenhaus kam.

Zehn Soldaten, die in Sde Teiman im Einsatz waren, wurden danach von der Militärpolizei festgenommen. Dies rückte Israel kurz an den Rand eines Bürgerkrieges. Angeführt von Abgeordneten extremistischer Regierungsparteien versuchten national-religiöse Fanatiker die Verhaftung der Soldaten zu verhindern und das Gefängnis zu stürmen. Die Anhörung der Petition vor dem Höchstgericht zur Schließung der Anlage wurde von diesen Gruppen mit den Rufen »Das Volk ist der Souverän, nicht ihr Richter« unterbrochen.[23]

DIE FAMILIEN DER OPFER BEGEHREN AUF

Immer deutlicher trat eine tiefe Spaltung der israelischen Gesellschaft zutage. Auch beim Umgang mit den Betroffenen des Terrors, vor allem den Geiseln der Hamas. Ins Visier der Terroristen gerieten moderne junge Menschen, die auf einer Rave-Party in den Sonnenaufgang tanzten, und eine Region, in der linke Friedensaktivisten lebten. Die Armee war an diesem Feiertag nur dünn besetzt, jene Einheiten, die trotzdem im Einsatz waren, konzentrierten sich auf den Schutz von Siedlungen im Westjordanland. Hier leben vor allem rechts eingestellte Familien. Es ist die Klientel jener ultrareligiösen Parteien, die Premierminister Benjamin Netanyahu im Spätherbst 2022 halfen, eine Regierung zu bilden, an der Macht zu bleiben und so zu versuchen, vor Verfahren, einem Urteil und einer möglichen Haftstrafe wegen Korruption gefeit zu sein.

Viele Angehörige von Geiseln warfen dem Regierungschef vor, aus Machtkalkül die Verhandlungen zu verzögern. Und nicht nur sie. Auch der engste Verbündete Israels. »Netanyahu verlängert den Konflikt bewusst, um an der Macht zu bleiben.« Zu diesem Schluss kam der damalige US-Präsident Joe Biden im Juni 2024.[24] Bis zu diesem Zeitpunkt waren noch 104 Geiseln in Gaza, wie viele noch lebten, war unklar. In den Wochen darauf spitzte sich die Lage zu. Mitte August und Anfang September wurden insgesamt zwölf Gefangene von der Hamas exekutiert. Es waren kaltblütige Morde. Einer der Toten war der achtzigjährige Haim Peri, der aus dem Kibbuz Nir Oz entführt worden war, jenem Ort, auf den die Armee vergessen hatte. Er galt als engagierter Veteran der Friedensbewegung und hatte während seiner Geiselhaft in Gaza Sorge geäußert, dass seine politische Einstellung Rettungsaktionen verzögern könnte. »Wir sind Linke, stehen für Frieden mit den Palästinensern, die Regierung wird sich nicht um uns kümmern«, hat er Adina Moshe anvertraut, die wie er in Geiselhaft war.[25] Sie kam bei dem Austausch von Geiseln im November 2023 frei.

Damals kamen fünfzig Geiseln frei, nachdem sich Israels Führung mit der Hamas im Gegenzug auf eine befristete Feuerpause und die Freilassung von palästinensischen Gefangenen geeinigt hatte. Danach stockten die Verhandlungen, die Angehörigen der Geiseln starteten Proteste. Sie forderten einen Waffenstillstand, einen Deal mit der Hamas, um ihre Angehörigen zu retten.

Netanyahu blieb auf Distanz zu ihnen, verweigerte ihnen lange jegliche Termine. Als das Volk trauerte und zutiefst verunsichert war, trat er nicht als »Mensch« auf, wie es im Jiddischen heißen würde. Er blieb der kalte Stratege der Macht. Der waidwunde und störrische »Mr. Sicherheit«. »Die Geiseln leiden, aber sie sterben nicht«, sagte er im Juli 2024.[26] Er spielte auf Zeit, um seine Machtposition zu verbessern, denn seine rechtsextremen Koalitionspartner drohten ihm die Partnerschaft aufzukündigen, wenn er sich auf einen Deal mit der Hamas einlassen sollte, um die Geiseln freizubekommen.

»Es ist ihm egal, wir alle sind ihm völlig egal. Und das wird ihm dieses Land nie verzeihen. Nach dieser Krise wird das Land ein anderes sein«, kommentierte Malki Shem-Tov das Verhalten des Premiers. Der Manager der »Bring Them Home Now«-Initiative der Angehörigen von Geiseln lebte dafür, dass sein 21-jähriger Sohn Omer freikam, den Hamas-Terroristen bei dem Musikfestival verschleppt hatten. Er sprach leise, aber bei unserem Gespräch in der Zentrale der Initiative in Tel Aviv in der Leonardo-da-Vinci-Straße schwang Zorn mit. Neben dem *Geisel-Platz* wurde dieses Quartier etabliert. Hier fanden laufend Kundgebungen dieser Initiative statt. Ihr Slogan war aber allgegenwärtig im Land. »Bring Them Home Now« – »Bringt sie jetzt zurück!« Auf den Bildschirmschonern von Geldautomaten bis hin zu Anzeigetafeln auf Autobahnen.

Die Familien der Geiseln wurden ungewollt zu Führungsfiguren. Als 2024 bei einer Meinungsumfrage ohne vorgegebene Namen erhoben wurde, wen sich die Menschen in einer stärkeren politischen Rolle wünschen würden, wurden besagte Familien am häufigsten genannt. »Ihre Kundgebungen waren ausschlaggebend dafür, dass sich erneut breite Protestwellen gegen die Regierung formierten«, analysiert Nimrod Nir. Der Polit-Psychologe arbeitet für das *Truman Research Institute* der Hebräischen Universität in Jerusalem und hat diese Umfrage geleitet.[27] »Ein Transformationsprozess der politischen Landschaft Israels läuft ab, der schon vor dem 7. Oktober begonnen hat und vermutlich nach der Gaza-Krise erst seinen Höhepunkt erreicht haben wird«, sagt er.

ANGST UM ISRAELS DEMOKRATIE

»Unsere Führung ist schlicht unfähig«, lautet das harte Urteil des Journalisten Amir Tibon zehn Monate nach dem Hamas-Angriff auch auf sein Leben und das seiner Familie. »Die Sicherheitsbedrohung hat sich nicht verringert, die Gefahr eines regionalen Krieges ist sogar größer denn je.« Eine Umfrage des *Instituts für Nationale Sicherheit*, durchgeführt im April 2024, zeigte, wie rasch die Resilienz der Bevölkerung schwand.[28] Das Vertrauen, dass die Armee den Krieg gegen die Hamas gewinnen könnte, sank von 92 Prozent auf 64 Prozent im Oktober.

»Angesichts der globalen Stimmung können wir keinen richtigen Krieg führen. Niemand wird uns erlauben, zwei Millionen Menschen verhungern zu lassen, obwohl es gerechtfertigt wäre, keine Hilfe in die Gebiete zu lassen, bis unsere Geiseln befreit sind«, versuchte Finanzminister Bezalel Smotrich den schleppenden Verlauf des Krieges in Gaza zu rechtfertigen.[29] Bei einer Rede in Paris präsentierte er eine Karte von »Großisrael« samt Gaza, dem Westjordanland und Jordanien.[30] Eine Annexion der palästinensischen Gebiete sei, laut Smotrich, die beste Lösung für Frieden in der Region.

Sein Regierungschef Netanyahu kritisierte solche Extrempositionen. Doch im Prinzip waren sie auf einer Linie. »Solange ich an der Macht bin, wird es keine zwei Staaten geben«, betont dieser häufig.[31] Es scheitere, seiner Meinung nach, »an einem verlässlichen Partner«. Um diese Behauptung zu bekräftigen, tat er viel. »Wer einen palästinensischen Staat verhindern möchte, muss die Hamas stärken.« So verteidigte er 2018 seine Entscheidung, dem Emirat Katar zu gestatten, Millionen-Dollar-Beträge in bar in den Gazastreifen und somit in die Schatullen der Hamas zu zahlen.[32] Sein Kalkül war: Wenn die Hamas wirtschaftlich floriert, schwächt dies die Palästinensische Autonomiebehörde und Präsident Mahmoud Abbas, die eigentlich den künftigen Staat der Palästinenser tragen sollten.

Einen solchen Staat zu unterminieren war Netanyahus politisches Ziel seit seiner ersten Amtszeit 1996. Damals wurde »Bibi« mit 46 Jahren der jüngste Premierminister des Landes, nach einer Reform der erste, der direkt vom Volk gewählt wurde. Der Chef der rechten Likud-Partei gewann mit nur 50,49 Prozent vor Shimon Peres. Netanyahu profitierte vom Missmut der israelischen Bevölkerung infolge einer Serie von Selbstmordattentaten der Hamas. Er gewann die Wahl mit Parolen gegen das eben erst geschlossene Oslo-Abkommen mit der Führung der Palästinenser, dessen Ziel eine Zwei-Staaten-Lösung war. Diese Wahlen mussten damals abgehalten werden, weil der Architekt dieses Abkommens, Premierminister Jitzchak Rabin, von einem 25-jährigen jüdischen Extremisten ermordet worden war, angestachelt von Fanatikern, die den Frieden mit den Palästinensern stoppen wollten. Wenige Wochen zuvor prahlte ein amtsbekannter Rechtszionist damit, eine Kühlerfigur vom Auto des Regierungschefs Rabin gestohlen zu haben. »Wir haben sein Auto, wir kriegen ihn auch noch.« Es handelte sich dabei um Itamar Ben-Gvir, der achtmal wegen rassistischer Ausschreitungen und der Unterstützung von Terror verurteilt worden ist. Er galt als zu fanatisch, um den Militärdienst zu leisten.[33]

Ben-Gvir wurde später Rechtsanwalt und spezialisierte sich auf die Verteidigung von Juden, die wegen Gewalt gegen Palästinenser vor Gericht landeten. Dann zog es ihn in die Politik. Mit seiner Partei »Jüdische Stärke«, oder »Otzma Yehudit«, trat er das ideologische Erbe der extremistischen »Kach Partei« an, die in Israel verboten war und 1997 in den USA auf der Terrorliste stand.[34] Ben-Gvirs Partei befürwortete eine »Emigration aller Araber«, die Todesstrafe für Terroristen, Immunität für israelische Soldaten und die Beschränkung der Befugnisse des Obersten Gerichtshofs.

Gegründet wurde die Partei 2013, bei den Wahlen 2022 trat sie in einem Bündnis mit den »Religiösen Zionisten« unter der Führung des ebenfalls extremen Rechten Bezalel Smotrich an. Den beiden gelang ein Überraschungserfolg: Mit 11 Prozent der Stimmen erreichten sie 14 Mandate. Gemeinsam mit anderen Parteien aus dem rechten Lager und Ultraorthodoxen errangen sie mit Netanyahus Likud-Block eine Mehrheit mit 64 der 120 Mandate in der Knesset, dem israelischen Parlament.

Als »repressiver Ethno-Nationalismus« wird die Ideologie des Bündnisses charakterisiert. Keine Regierung in Israels Geschichte stand so weit rechts. Es war eine fundamentale Veränderung des Landes.[35] Smotrich wurde nicht nur Finanzminister, sondern in seinem Portfolio landete auch die Administration der Siedlungen. Ben-Gvir wurde Sicherheitsminister, zuständig für die Polizei, und besetzte Spitzenposten mit seinen Vertrauensleuten. Seinen Job nutzt er dazu, um an Milizen von extremistischen

Siedlern Schusswaffen auszuteilen. Als »politischen Pyromanen« charakterisierte ihn sogar Verteidigungsminister Yoav Gallant von der Likud-Partei.

Diese Koalition kam in einer der schwierigsten Phasen der israelischen Innenpolitik zustande: Zwischen 2019 und 2022 mussten vier Neuwahlen abgehalten werden, weil es in dem zersplitterten Parteienspektrum kaum noch gelang, eine stabile Regierungsmehrheit zu bilden.[36] Netanyahus Koalition schien Stabilität zu bringen, sie erwies sich jedoch als noch größere Gefahr für Israels Zukunft.

Im Krisenjahr 2024 verstärkte sich die Sorge um die Demokratie massiv. Generalstaatsanwältin Gali Baharav-Miara warnte im August davor, dass Netanyahu in seinen Entscheidungen »rechtswidrig handeln würde«.[37] Statt die Beamten der Ministerien wie vorgeschrieben einzubinden, verlasse er sich auf private Berater. »Die Lage ist extrem geworden«, so Baharav-Miara. Dabei spielt sie auch auf den riskanten Beschluss im Juli 2024 an, den politischen Führer der Hamas in Teheran zu töten.

Umfragen zeigten, dass die Koalition und ihre Politik der Härte an Zustimmung verlor. Ein »Anti-Netanyahu-Block« formierte sich, die Zentrumspartei »Nationale Einheit« unter Naftali Bennett führte in den Umfragen.[38] Abgeschlagen blieben aber die Links-Parteien. Die Arbeiterpartei, einst die zentrale Kraft, die bis Mitte der 1970er-Jahre alle Regierungschefs gestellt hat, ist nahezu in die Bedeutungslosigkeit abgedriftet und hat faktisch aufgehört zu existieren. Sie schloss sich mit der »Me-

retz-Partei« zu einem Linksbündnis namens »Die De-
mokraten« zusammen. Bei Umfragen im Sommer 2024
erreichte diese neue Formation gerade elf Prozent.

EINE ZWEITE FRONT IM WESTJORDANLAND

Nicht nur die Politik, die gesamte Bevölkerung Israels befindet sich in einem massiven Veränderungsprozess. Na-
tional-Zionisten und Ultraorthodoxe prägen das Land immer stärker. Ihr Anteil wird in der Bevölkerung steigen,
da sie kinderreich sind, 2030 wird er 16 Prozent betragen.[39]
Auch Israels Armee, einst Kaderschmiede der säkularen
Elite, prägt diese Entwicklung. Vierzig Prozent der Absol-
venten der Offiziersausbildung der Infanterie zählten sich
2024 zum rechtsreligiösen Lager, Ultraorthodoxe waren
lange vom Armeedienst ausgenommen.[40]

Die Stärke dieser Gruppe erschwert einen Friedensprozess, der auf dem Gedanken basiert, dass zwei Staaten entstehen sollen: neben jenem Israels ein palästinensischer
in Gaza und dem Westjordanland. Doch national-religiöse
Juden und Jüdinnen beanspruchen dieses Gebiet, sehen
es als Teil des »gelobten Landes«, das sie nicht aufgeben
wollen.

Seit 1967 besetzt Israel die Gebiete. Es war das Resultat des sogenannten *Sechstagekrieges*. Ein blitzartiger Triumph Israels. Nachdem sich über Jahre die militärischen
Spannungen mit Ägypten und Syrien verschärft hatten,
entschloss sich Israels Führung, präventiv anzugreifen.

Es war nach dem Unabhängigkeitskrieg 1948 der zweite große Konflikt mit einer Koalition arabischer Staaten. Bereits 1948 hatten sieben Länder das eben gegründete Israel angegriffen. Doch der neue Staat behauptete sich. In der Nachkriegsordnung von 1949 übernahm Ägypten die Kontrolle des Gazastreifens, Jordanien jene des Westjordanlands.

Im Juni 1967 gelang es Israel, diese palästinensischen Gebiete wie auch Ost-Jerusalem und die syrischen Golan-Höhen zu erobern. Anfangs galt offiziell die Formel: »Land für Frieden«. Wenn die Führung der Palästinenser und der arabischen Welt den Staat Israel und sein Existenzrecht anerkannten, könne es auf diesem Gebiet einen eigenen Staat geben.

Doch im Hintergrund kursierten auch andere Pläne. Bereits einen Tag nach dem Ende des Krieges 1967 überlegte die Regierung, das Gebiet an Israel anzuschließen und den Palästinensern nur Autonomie zu gewähren. »Ein solches Vorhaben ist in unserer Ära der Entkolonialisierung absurd.« Mit diesen Worten schmetterte Yaakov Shimshon Shapira, der damalige Justizminister, die Idee ab. »Das gibt einen Aufstand«, sagte er.[41] Drei Monate später nahm aber ein anderer, ähnlicher Plan Gestalt an. Im Herbst 1967 gab der damalige Premierminister Levi Eshkol grünes Licht für den Bau der ersten jüdischen Siedlungen im Westjordanland.

Mittlerweile leben in dem Gebiet 720.000 jüdische Siedler. Achtzig Prozent davon, also knapp eine halbe Million Menschen, in größeren Blocks.[42] Nicht alle sind ideologisch motiviert: Günstiger Wohnraum spielt bei der Entscheidung, hier zu leben, auch eine Rolle. Dazu kommt, dass ein beträchtlicher Teil dieser Siedlungen direkt im Grenzgebiet zu Israel liegt. Ein Landtausch im Zuge eines Friedensabkommens wäre also in vielen Fällen machbar. Allerdings hat sich in den vergangenen zwanzig Jahren die Zahl jener Siedlungen, die tief im Westjordanland liegen, deutlich erhöht. Unter der rechten Regierung nahmen solche Außenposten deutlich zu und auch die Gewalt dieser radikalen Siedler.

Laut Daten des UN-Hochkommissariats für Menschenrechte sind im ersten halben Jahr nach dem 7. Oktober 2023 hier fünfhundert Palästinenser bei Übergriffen gestorben und 24 jüdische Israelis, die in den Siedlungen lebten. Doch die Zahl der Opfer steigt täglich, die Gewalt schaukelte sich gefährlich hoch, die Kritik verstärkte sich massiv. »Es wird einen Tag geben, an dem sie auch das Feuer auf uns eröffnen«, warnte der ehemalige Premier Israels Ehud Olmert bei einer Veranstaltung zu den Folgen des 7. Oktobers.[43] Er spitzte damit die Bedrohung durch das Vorgehen dieser Gruppen zu.

Diese Milizen agieren straflos, seit »ihre Parteien« ab 2022 den Polizeiminister und jenen für die Verwaltung der Siedlungen stellen. Es wurden Menschen und ihre Dörfer angegriffen, Häuser in Brand gesetzt und neue Außenposten errichtet, ohne dass sie jemand stoppte. Gegen mehrere Anführer dieser Milizen und Organisationen verhängten die USA 2024 Sanktionen aufgrund der massiven Gewalt, die sie ausüben.[44]

Mit dem Beginn des Krieges in Gaza verschärfte sich hier die Lage weiter. Auch radikale Palästinensergruppen samt Zellen der Hamas rüsteten auf, die über das poröse Grenzgebiet zu Jordanien vom Iran mit Waffen versorgt wurden. Auch hier griff Israels Armee im Laufe des Sommers 2024 verstärkt mit Bodentruppen und Luftschlägen ein. Eine zweite Front neben dem Gazastreifen entstand. Eine Eskalation, die zeigte, wie schwierig es für Israel ist, diese Gebiete zu halten und gleichzeitig, sie aufzugeben.

Im Westjordanland brach im Jahr 2000 der zweite Aufstand der Palästinenser aus. Dabei kamen in den folgenden Jahren 6.300 Palästinenser durch das Vorgehen der israelischen Sicherheitskräfte um, davon 1.300, die nicht an der Intifada teilgenommen haben. Dieser Aufstand eskalierte in einen regelrechten Kleinkrieg zwischen der israelischen Armee und Extremistengruppen.

Im Vergleich dazu: Die erste Intifada ab 1987 war vor allem von Straßenprotesten geprägt. Damals starben 1.390 Palästinenser und 94 Israelis bei den Ausschreitungen. Bei der zweiten Intifada bewaffneten sich neben der Hamas zahlreiche Splittergruppen: Über 1.000 Israelis starben bei Selbstmordattentaten in Bussen, Restaurants und Clubs. 3.000 Palästinenser wurden bei den Offensiven im Westjordanland getötet.[45]

2002 startete Israel den Bau einer Barriere, einer Mauer um das Westjordanland, die über weite Strecken aus einem neun Meter hohen Betonwall besteht, um Selbstmordattentäter auszusperren. Selbst kurze Fahrten dauern seither aufgrund der Checkpoints Stunden. Im

Westjordanland leben mittlerweile zwei »Klassen« von Menschen. Jüdische Siedler, die volle Bewegungsfreiheit haben, und jene, denen viele Rechte entzogen worden sind.

»Die Form der Kontrolle über die Palästinenser und die Einschränkung ihrer Bewegungsfreiheit im Westjordanland: All diese Faktoren erinnern an eine Rassen-Trennung, eine Apartheid, wie es sie in Südafrika gab«, sagt der Ex-Chef des Auslandsgeheimdienstes Mossad, Tamir Pardo.[46] »Die Besetzung dieser Gebiete ist für uns Israelis genauso toxisch wie für die Palästinenser. Wir verlieren unsere Identität als Juden und Jüdinnen, als menschliche Wesen«, warnte Ami Ayalon, der ehemalige Chef des Inlandsgeheimdienstes Shin Bet.[47]

Schützenhilfe bekamen jene, die für ein Ende der Siedlungspolitik plädierten, just inmitten der Krise durch den Internationalen Gerichtshof in Den Haag. In einem »Gutachter-Verfahren« kam das Richtergremium zu dem Schluss, dass die seit 57 Jahren andauernde Besetzung Israels in den palästinensischen Gebieten »rechtswidrig« sei. Sie würde in mehreren Punkten gegen das Völkerrecht verstoßen. Die Siedlungen im Westjordanland und in Ost-Jerusalem seien illegal und einer »gewaltsamen Landnahme« gleichzusetzen.[48] Rechtlich ist dies nicht bindend, aber es war ein eindeutiger Fingerzeig nach 57 Jahren Besetzung.

1.2 GAZA - DAS DRAMA DER PALÄSTINENSER

In Israel ist seit der Verabschiedung des »Nationalstaatsgesetzes« 2018 festgelegt, dass in dem Land nur die jüdische Bevölkerung über das Recht auf nationale Selbstbestimmung verfügen kann und nur Hebräisch, nicht Arabisch, als offizielle Sprache gilt. Und ein Gesetz von 2011 untersagt die öffentliche Unterstützung von Organisationen, die sich dem Gedenken der Verbrechen gegen Palästinenser rund um Israels Staatsgründung 1948 und die erlittenen Verluste widmen.[49] Es nennt sich »Nakba Gesetz«.

Mit »Nakba«, die »Katastrophe«, bezeichnen Palästinenser ihre Flucht und Vertreibung 1948 aus dem Land, das heute Israel ist. 750.000 von den 1,4 Millionen Palästinensern, die damals in dem Gebiet lebten, verloren ihre Heimat. Den Exodus löste vor allem brutale Gewalt durch jüdische Milizen aus, manche flohen aus Angst. 15.000 Menschen kamen dabei um, 530 palästinensische Städte und Dörfer wurden zerstört.[50]

Die Katastrophe nahm ihren Lauf, nachdem es nicht gelang, zu einer Lösung für dieses Gebiet zu gelangen, die beide Seiten annehmen konnten. So wie 2024 zeigten die Entwicklungen damals die katastrophalen Konsequenzen, wenn Krieg, Konflikt und Terror die Mittel der Wahl sind, um einen Disput zu regeln, und das ungelöste

Problem schamlos für Propaganda von Extremisten und regionale Machtkämpfe genutzt wird.

Im Teilungsplan des britischen Mandatsgebiets »Palästina« durch die Vereinten Nationen im Dezember 1947 hatte es einen Rohentwurf für zwei Staaten gegeben. Aber anders als die jüdische Vertretung akzeptierte dies die arabische nicht. Der Grund: Sie stellten zwei Drittel der Bevölkerung, aber nur knapp die Hälfte des Territoriums war für sie vorgesehen. Das jüdische Territorium war größer angelegt, da verstreute Siedlungsgebiete zusammengelegt wurden. Strategische Grundstückskäufe der jüdischen Bevölkerung, oft begünstigt durch die britische Kolonialmacht,[51] halfen dabei.

Begonnen hat die Entwicklung nach dem Ersten Weltkrieg. Bis zu diesem Zeitpunkt war das Gebiet Teil des Osmanischen Großreichs, das aber den Krieg verlor. Großbritannien erhielt danach die Kontrolle über das Mandat »Palästina« und hatte zuvor die künftige Führung gleich doppelt versprochen: den Arabern als Teil eines »Großsyrischen Königreichs« und der erstarkenden Bewegung der Zionisten als »Heimstaat« der Juden. Schriftlich festgelegt hat dies der britische Außenminister 1917 in der nach ihm benannten »Balfour-Deklaration«.[52]

Eine Zählung der Briten von 1922 kam auf 590.890 muslimische Araber, 83.794 Juden, 73.024 Christen und 7.028 Drusen. In den folgenden Jahrzehnten, vor allem ab der Machtergreifung der Nazis 1933 in Deutschland, stieg die jüdische Einwanderung. 1939 bremste allerdings die britische Mandatsmacht den Zuzug aufgrund eskalierender Konflikte. Nur 75.000 Juden und Jüdinnen erhielten von 1939 bis 1945 ein in vielen Fällen überlebenswichtiges Einreise-Visum.[53] Doch die Spannungen verschärften sich, arabische und jüdische Milizen kämpften dann auch gegen die britische Verwaltung, die 1947 das Gebiet entnervt an die Vereinten Nationen zurückgab, wo es geteilt wurde.

Nachdem die palästinensische Bevölkerung diesen Plan nicht akzeptierte, eskalierte ab Anfang 1948 der Bürgerkrieg. Es war der Beginn der Flucht und Vertreibung von Palästinensern, die in vollem Umfang erst einsetzte, als Israel im Mai 1948 seine Unabhängigkeit erklärte und binnen Stunden von sieben arabischen Staaten angegriffen wurde. Aus Sicht der Juden ging es um alles, um Sein oder Nicht-Sein. Der Krieg kostete 6.000 Menschen auf jüdischer Seite das Leben.

Der Sieg schlussendlich brachte Israels Sieg. Drei Jahre nach der Rettung der letzten Überlebenden aus den Konzentrationslagern, nach dem Ende des »Dritten Reichs«, wo sechs Millionen Juden und Jüdinnen im Holocaust ermordet worden waren, hatten sie einen sicheren Hafen.

Als 1949 ein Waffenstillstand vereinbart wurde, hatten die Palästinenser nochmals die Hälfte des Terrains »ihres« Palästinas verloren. Nach den Kriegen von 1967 und 1973 flohen wieder Hunderttausende.[54] Aus Sicht der Palästinenser bedeutet das Jahr 1948 den Anfang vom »Nicht-Sein.« Heute leben sieben Millionen im Ausland und ein Teil in den Gebieten, die dem Volk geblieben, aber besetzt sind, im Westjordanland und vor allem in Gaza. Hier stammen über neunzig Prozent der Flüchtlinge aus dem Jahr 1948 ab.

DIE NÄCHSTE KATASTROPHE

Es ist ein nie bewältigter Verlust. Weder gab es eine gemeinsame historische Aufarbeitung oder eine Kompensation für jene, die nicht freiwillig gingen, sondern vor Angriffen auf ihre Dörfer durch jüdische Milizen geflüchtet sind, noch ein Rückkehrrecht. Das zentrale Argument von jüdischer Seite lautete lange, die Flucht sei völlig freiwillig geschehen. Etwas, das Palästinenser massiv bestreiten. Eine neue Generation von israelischen Historikern hat eine genaue Aufarbeitung begonnen, die Gräuel von damals zu dokumentieren. Der politische Wille allerdings fehlt.

Die Lage in Gaza und der Krieg gegen die Hamas waren geprägt von diesem alten Trauma. Die Flucht wurde zur tragischen Erinnerung, die Angst, ins Ausland vertrieben zu werden, grassierte. »Wenn man sich die Bilder der aktuellen Vertreibungen in Gaza ansieht, vollgepackte Fuhrwerke, hungrige Menschen, die im Tross fliehen, dann gleichen sie frappierend jenen aus 1948«, versuchte Talal Awkal, ein politischer Analyst aus Gaza-Stadt[55], die Tiefe des historischen Traumas zu erklären. Aber auch die Ursache dafür, dass viele Palästinenser und Palästinenserinnen möglicherweise nicht aus dem Gebiet fliehen wollten, denn sie fürchteten, nie wieder zurückzukehren. Eine Wahl hatten sie nicht, Gaza war abgeriegelt.

Die historische Perspektive erweitert auch den Blick auf das Ausmaß der seelischen Zerstörung durch den Krieg in Gaza. Was hier ab dem 8. Oktober 2023 an Schrecken passiert ist, wird erst mit der Zeit ganz sichtbar sein. Jene, die aus dem Gebiet berichteten, dort arbeiteten, waren in Todesgefahr. 269 humanitäre Helfer kamen zwischen Oktober 2023 und August 2024 in dem Krieg in Gaza ums Leben.[56] Jene, die einreisten, waren rund um die Uhr vor allem damit beschäftigt, eine gigantische humanitäre Katastrophe wenigstens irgendwie abzufedern. Es fehlte an Lebensmitteln, Trinkwasser, Medizin, geeigneten Unterkünften und vor allem an Schutz vor Luftangriffen und der erbarmungslosen Hitze.

Mitte August nahm ein Team der Vereinten Nationen ein zwei Minuten langes Video von der Fahrt auf. Es zeigte ausschließlich Zerstörung, keine Betonwand stand mehr, weißer Staub fegte über eine apokalyptische Kraterlandschaft. Zwei Wochen später wurde ein Konvoi des UN-Welternährungsprogrammes unter Beschuss genommen. Just in dem Moment, als die Fachleute vor einer weiteren Verschlimmerung der Versorgungskrise warnten, stoppten sie kurzfristig die Hilfe.[57] Ein Foto als Beweis wurde veröffentlicht: Es zeigt zehn Einschüsse in dem Wagen. »Obwohl die Autos klar gekennzeichnet waren und wir mehrfach die Bestätigung für eine Erlaubnis der Fahrt bekommen haben, wurden wir angegriffen, als sich der Konvoi einem Checkpoint der israelischen Armee näherte«, hieß es im Statement der UN-Organisation. Der Vorfall ist ein Indiz für die Spannungen zwischen den Vereinten Nationen und Israel, die in dieser gigantischen humanitären Krise zur Katastrophe in der Katastrophe wurden.

Israels Regierung verdächtigte immer wieder Helfer, mit der Hamas zu kooperieren, vor allem solche der Vereinten Nationen. Es tauchten Berichte auf, die zeigten, dass sich tatsächlich Mitarbeiter der Vereinten Nationen dem Hamas-Terror angeschlossen hatten: Bei neun der 13.000 Mitarbeiter der UN-Teilorganisation UNWRA, die sich seit 1948 um die Infrastruktur in palästinensischen Gebieten kümmert, etwa um Krankenhäuser und Schulen, konnte dies nachgewiesen werden.[58]

All dies erschwerte die Hilfe, auch weil es gilt, einen schmalen Grat zu bewältigen. In Gaza zu sein, ohne mit Hamas-Funktionären zu tun zu haben, ist schwierig. Ab 2007 kontrollierte die Gruppe jeden Teil des Alltagslebens in dem Gebiet, das so groß ist wie Wien. Sie war auch fast ein halbes Jahr nach Kriegsende de facto noch an der Macht. Doch im Großteil Gazas herrschte Anarchie. Wer etwa eine Geburtsurkunde brauchte, ging im Sommer 2024 ins einzige noch funktionsfähige Krankenhaus in Deir al-Balah.

Das tat am 10. August Mohammed al Qumsan.[59] Vier Tage zuvor hatte seine Frau Joumana, eine 28-jährige Pharmazeutin, Zwillinge geboren: Aysal, einen Buben, und ein Mädchen namens Aser. Er versprach ihr noch, nicht lange wegzubleiben. Im Krankenhaus drängten sich aber Massen, er wartete Stunden. Bis ihn ein Anruf eines Nachbarn erreichte: Es gab einen israelischen Luftanschlag. Alle drei waren tot. Seine Frau und die beiden Kinder.

EINE ZERSTÖRTE GENERATION

Es war ein gigantisch hoher Preis, den die Zivilbevölkerung bezahlen musste und noch lange bezahlen wird. Laut dem Fachmagazin *The Lancet* könnten schlussendlich knapp 200.000 Menschen, vor allem Kinder, nicht nur an den Bombardements, sondern auch an den indirekten Folgen des Krieges sterben.[60] Dramatisch war die Lage bereits im Winter 2023, als phasenweise überhaupt keine Hilfslieferungen die Bevölkerung erreichten. Die Vereinten Nationen warnten vor einer gravierenden Ernährungskrise, weil Israels Regierung das Gebiet faktisch in einen Belagerungszustand versetzte. Im April 2024 hieß es in einem gemeinsamen Bericht der Weltbank, der EU und der Vereinten Nationen, dass »achtzig Prozent aller Menschen auf der Welt, die in diesem Moment an Hunger leiden, sich im Gazastreifen befinden«[61]. Hunderttausende Kinder waren unterernährt, Dutzende Kinder sind im ersten Kriegsjahr verhungert. Der mehrfache Vater Mohammed al-Mahoun berichtete im Februar 2024, dass seine zweijährige Tochter Sila zu schwach zum Gehen sei. »Sie begann, Blut zu erbrechen, als wir ihr Brot gaben, das wir mit gemahlenem Tierfutter gebacken haben.«

»Damit die Kleinen irgendwie zu Zucker kommen, zerreiben die Mütter Datteln in Tüchern, befeuchten sie, versuchen ihnen die Paste einzuflößen«, schilderte Marie-Aure Perreaut Revial, Nothilfekoordinatorin der Hilfsorganisation *Ärzte ohne Grenzen*, die erschreckende Lage. Auch wenn das Schlimmste verhindert wird, drohen vor allem bei mangelernährten Kindern langfristig schwere Beeinträchtigungen. Das Gehirn und der Körper entwickeln sich nicht ausreichend, Diabetes, Herzkrankheiten und chronische Immunschwäche drohen. »Anders als bei Schüssen oder Bombenangriffen hört bei Hungernden die Lebensgefahr nicht auf, wenn der Krieg endet«, sagt Alex de Waal, ein weltweit führender Fachmann für Hungerkrisen.[62] »Das Sterben geht weiter und so ist das Aushungern ein Massaker in Zeitlupe.« Er geht davon aus, dass sich in Gaza die schlimmste Hungerkrise seit dem Zweiten Weltkrieg ereignet.

Den Vergleich zu diesem Krieg zog auch der US-amerikanische Militärhistoriker Robert Pape von der Universität Chicago angesichts der Intensität der Luftangriffe[63]: »Der Name Gaza wird in die Geschichte der verheerenden Luftkriege eingehen wie die Stadt Dresden 1945.«

Das von der Hamas-Regierung geführte Gesundheitsministerium, dem internationale Fachleute trotz einiger nötiger Korrekturen vertrauen, hat zwischen Oktober 2023 und August 2024 16.400 tote Kinder gezählt. Daten, die möglicherweise viel zu niedrig gegriffen sind, niemand hatte zu diesem Zeitpunkt einen klaren Überblick. Eine besondere Gefahr stellen Infektionskrankheiten dar. Schwere Verläufe von Atemwegserkrankungen wurden von internationalen Fachleuten beobachtet. Im Sommer 2024 grassierte Hepatitis, und auch Poliomyelitis tauchte auf. Erst wurde der Erreger in Abwasserproben entdeckt, am 16. August 2024 zeigte sich der erste Fall. Ein zehn Monate altes Baby war infiziert.

Rund 100.000 Kinder wurden verletzt. Im ersten Halbjahr des Konflikts mussten bei rund tausend Kindern ein oder beide Beine amputiert werden; meist ohne den Einsatz von Narkosemitteln, da Medikamente rar waren.[64] Auch der Verlust der Gliedmaßen hätte in vielen Fällen verhindert werden können, wenn Antibiotika zur Verfügung gestanden wären. Es gibt seit dem Gaza-Krieg eine neue Vokabel im Jargon der Hilfsorganisationen: »WCNSF« – »Wounded child, no surviving family«. Verwundetes Kind ohne überlebende Familienmitglieder. Mindestens 17.000 Kinder sind davon betroffen.

Einer der dramatischsten Fälle war jener der fünfjährigen Hind Rajab.[65] Am Morgen des 29. Januar versuchte ihre Familie vor einem Bombenangriff auf Gaza-Stadt zu fliehen. Sie quetschten sich in einen kleinen Kia Picanto, um zu entkommen. Der Wagen wurde sofort von israelischen Bodentruppen unter Beschuss genommen. Hinds Cousine, die 15-jährige Layan, wählte die Nummer des Palästinensischen Roten Halbmonds, um Hilfe zu rufen.

»Ein Panzer schießt auf uns. Kommt schnell!«, brüllte sie ins Telefon. Kurz darauf war sie tot. Die kleine Hind schaffte es, den Anruf zu übernehmen, umringt von sechs Toten. Über Stunden blieb sie in der Leitung. »Es wird immer dunkler, ich fürchte mich«, flüsterte sie. Zu diesem Zeitpunkt hatten palästinensische Journalisten begonnen, die Geschichte in Echtzeit in den sozialen Medien zu übertragen und berichteten über jede Wendung. Auch über das Ringen der Ambulanz-Fahrer, eine Erlaubnis von der israelischen Armee zu erhalten, um zu Hind zu fahren und sie holen zu dürfen. Nachdem sie diese bekommen hatten und losfuhren, brach der Kontakt ab. Um Punkt 18 Uhr an diesem Tag erreichte die Rettung das Kind. Wenige Minuten später wurden die Mitarbeiter des Roten Halbmonds erschossen. Hinds Leiche wurde zwei Wochen später gefunden.

Als »totale psychische Vernichtung« beschreibt eine Mitarbeiterin der Hilfsorganisation *Amal*, eine vierfache Mutter, die auch für *Save the Children* tätig ist, die Folgen der Gräuel in Gaza für jene Kinder, die überleben. Bereits nach vier Wochen Krieg warnte der in Gaza tätige Psychiater Fadel Abu Heen davor, dass sich die Anzeichen von psychischen Problemen massiv verschärften. »Kinder zeigen Symptome von Belastungsreaktionen durch die traumatisierenden Ereignisse. Sie sind stark aggressiv und nervös.«

Wer an diesem Drama schuld ist? Israels Armee-Führung hielt den Darstellungen, dass Unschuldige in Vertriebenen-Lagern sowie Krankenhäuser gezielt unter Beschuss genommen wurden, strikt entgegen, dass ihre Angriffe nur auf Hamas-Stellungen zielen, die sich hinter der Zivilbevölkerung ducken. Dies illustriert ein dramatischer Vorfall von vielen. So wurde am 27. Juli 2024 die Khadija-Schule, die in dem Ort Deir al-Balah als Flüchtlingsunterkunft genutzt wurde, von einer Rakete getroffen.[66] Laut dem auch zu diesem Zeitpunkt noch vom politischen Flügel der Hamas kontrollierten Gesundheitsministerium in Gaza starben dabei dreißig Menschen, vor allem Kinder, über hundert wurden schwer verletzt.

Israels Armee verteidigte den Angriff damit, dass in dieser Schule Terroristen ein Kommando-Zentrum errichtet hätten und in dem Gebäude Waffen versteckten.

WIESO ES KEINEN PALÄSTINENSISCHEN STAAT GIBT

Anfang August veröffentlichte der US-Nachrichtensender CNN gemeinsam mit Fachleuten eine für Israels Führung ernüchternde Analyse[67], aus der hervorging, dass »die Hälfte der Hamas-Einheiten im Norden und dem zentralen Raum Gazas wieder aufgebaut worden sind.« 14.000 der 40.000 Hamas-Kämpfer waren laut Darstellung Israels tot. 19 ihrer Einheiten aufgerieben und mindestens drei Viertel ihrer Stützpunkte zerstört.

Mindestens die Hälfte der hunderte Kilometer langen Tunnelanlagen, vor allem jene, die groß genug für Kraftfahrzeuge sind und unterirdisch nach Ägypten führen, sind nicht mehr befahrbar.[68] Ob die Terrorgefahr vorbei ist, kurz- oder langfristig, ist unklar. Als Yahya Sinwar, Hamas-Chef in Gaza, die Führung der Gruppe vom getöteten Polit-Boss Ismail Haniyyeh übernahm, schien der Weg hin zu noch mehr Gewalt und Radikalität vorgezeichnet. Er hatte sich für die Eskalation des Terrors entschieden, mithilfe des Irans, der diese Gruppe unterstützt.

Bei der Hamas handelt es sich um eine Terrorgruppe mit klarem Dogma: Die Zerstörung Israels und die Errichtung einer islamistischen Ordnung im gesamten Gebiet dieses Staates und in den Palästinensischen Gebieten.

Dafür ist ihnen jedes Mittel recht. 1987 wurde sie auf Basis des Ablegers der in Ägypten gegründeten islamistischen Muslimbruderschaft in Palästina gegründet. Der Begriff *Hamas* hat eine doppelte Bedeutung: Das arabische Wort bedeutet »Eifer und Kampfgeist«, gleichzeitig ist es eine Abkürzung für den vollen Namen der Gruppe, *Harakat Muqawama Islamiya*, »Islamische Widerstandsbewegung«.

Der französische Arabist Gilles Kepel beschreibt ihre Entstehung als eine »Islamisierung der Palästina-Frage«.

Damals ging es aber auch um einen Konflikt innerhalb der Islamisten: Die damals bereits bestehende Gruppe *Palästinensischer Islamischer Jihad* bekam großzügige Zuwendungen des Irans. Die Vertretung der Muslimbruderschaft, die in dem Gebiet schon seit dem Zweiten Weltkrieg aktiv gewesen war, fürchtete Konkurrenz.[69] Schlussendlich blieben beide Gruppen bestehen und wurden vom Regime in Teheran hochgerüstet, trainiert und auch zum Großteil finanziert. Dazu konnte die Hamas auf Unterstützung aus Katar zählen.

Raum für die Gruppe entstand damals auch, weil die bisherige Führung des Volkes, die »Palästinensische Befreiungsorganisation« (»PLO«), in eine Krise geraten war.[70] Jassir Arafat, der ab 1969 die Führung der Bewegung übernommen hatte, unterstützte den irakischen Diktator Saddam Hussein nach dessen Überfall auf das Emirat Kuwait. Dies führte dazu, dass er es sich mit den wichtigsten Gönnern der PLO, den Golf-Monarchien, verscherzte. Doch der Bruch ging noch tiefer. Arafat begann sich an die Realität einer Existenz Israels anzunähern, die Hamas lehnte sie ab.

Als Arafat 1964 die Führung der auf Initiative der Arabischen Liga gegründeten Bewegung übernommen hatte, war er darauf eingeschworen, Israels Existenz mit allen Mitteln zu bekämpfen. Die PLO und radikale Palästinensergruppen verübten Terroranschläge, Flugzeugentführungen und ein Attentat auf Israels Team bei den olympischen Spielen in München. Die Vereinten Nationen akzeptierten trotz allem 1974 die PLO als legitime Vertreterin des Landes Palästina. Mit einer Resolution des UN-Sicherheitsrates wurde auch das Recht der Palästinenser auf einen eigenen Staat und Selbstbestimmung verankert.[71]

1988 rief die PLO den »Staat der Palästinenser« auf dem Gebiet des Gazastreifens und des Westjordanlandes aus, ohne mit Israel zu verhandeln. Aber er setzte nicht mehr voraus, das gesamte Gebiet zu erlangen. Ost-Jerusalem wurde zur Hauptstadt erklärt. Es war ein symbolischer Akt, denn ein echter Staat kann Palästina erst mit einem Friedensvertrag mit Israel, einem Ende der Besetzung und einer Anerkennung der Grenzen sein.

88 Staaten erkannten diesen Staat als symbolische Geste noch im selben Jahr an. 2024 haben 147 der 197 UN-Mitgliedsstaaten diesen Schritt gesetzt, zuletzt in diesem Jahr Norwegen, Irland, Spanien und Slowenien als Reaktion auf die Krise in der Region.

Den ersten Ansatz zu einem echten Staat bildeten die 1993 und 1995 verabschiedeten Oslo-Friedensabkommen zwischen Israel und der PLO. Darin wurde eine Teilautonomie im Gazastreifen und im Westjordanland vereinbart.

Basierend auf diesem Abkommen wurde die Palästinensische Autonomiebehörde gegründet, die für Infrastruktur wie die Wasser- und Elektrizitätsversorgung zuständig ist oder das Schulsystem organisiert. Sie kann quasi staatliche Dokumente wie Pässe, Geburts- und Todesurkunden sowie Führerscheine ausstellen. Sitz der Behörden ist das Westjordanland, vor allem die Stadt Ramallah. Finanziert wird die Palästinensische Autonomiebehörde durch die Aufteilung der Steuereinnahmen sowie mit Geldern der Europäischen Union. Das Ziel war, dass dieser Rahmenplan langfristig zum Staat Palästina führen sollte.

Doch das Abkommen schlitterte rasch in eine schwere Krise. Extremisten auf beiden Seiten verübten Terrorangriffe, darunter auch der Arzt Baruch Goldstein, der 1994 in Hebron das Feuer auf Betende in der Moschee eröffnete. 29 Menschen starben, es gilt als der schlimmste Akt von jüdischem Terrorismus.[72] Obwohl es schon zuvor zu Gewalt von palästinensischen Extremistengruppen gekommen war, wurde dieser Anschlag zum Start einer verheerenden Serie von Selbstmordattentaten, zum Großteil verübt von der Hamas. Dies führte dazu, dass der Friedensprozess entgleiste.

Eine Spirale des Extremismus setzte ein: Je mehr der Terror eskalierte, desto schwieriger wurde die Lage für die Palästinensische Autonomiebehörde, denn Israels Armee begann in den besetzten Gebieten ihren Terrorkampf ohne Rücksicht auf die Befugnisse der neuen Behörde zu führen. Fatal für die Palästinenser-Führung unter Arafat wurde das Scheitern der Friedensverhandlungen in Camp

David im Jahr 2000. Ehud Barak verhandelte unter der Vermittlung von Bill Clinton eine mögliche Fortsetzung des Friedensprozesses. »Es war eine zum Scheitern verurteilte Mission«, erinnert sich Aaron Miller, einer der Verhandler[73]: »Es ging um die großen Themen wie die Sicherung der Grenzen in einer möglichen Zwei-Staaten-Regelung, den Status von Jerusalem. Die Gräben zwischen den beiden waren so weit wie der Grand Canyon.«

2004 starb Jassir Arafat. Zu diesem Zeitpunkt galt der Oslo-Prozess bereits als gescheitert. Nachdem sein lebenslanger Weggefährte Mahmoud Abbas die Führungsrolle der Palästinensischen Autonomiebehörde übernahm, besserten sich zwar kurzfristig die Beziehungen zur israelischen Führung, aber seine Glaubwürdigkeit war ramponiert. 2006 kandidierte erstmals ein politischer Arm der Hamas bei den Parlamentswahlen für die Palästinensischen Gebiete, das Westjordanland und den Gazastreifen. Die Gruppe gewann 76 der 132 Mandate in allen palästinensischen Gebieten. »Dieser Sieg der Hamas war in erster Linie ein Protest gegen die Korruption und das Versagen der Führung der Palästinensischen Autonomiebehörde«, so die Analyse von Khaled Abu Toameh vom *Jerusalem Center for Public Affairs*.[74]

Nach der Wahl folgte ein Bruch zwischen Hamas-Boss Ismail Haniyyeh und dem Palästinenser-Präsidenten Mahmoud Abbas, der sich geographisch fortsetzte. Die Hamas übernahm den Gazastreifen, den sie mithilfe des Irans zu einer Terrorhochburg mit Raketen aufbaute. Ab diesem Zeitpunkt verhängte Israel eine totale Blockade über Gaza. Viermal zwischen 2008 und 2021 eskalierte der Konflikt in Kriege, die zwischen wenigen Tagen und Wochen dauerten.

Präsident Abbas *behielt* das Westjordanland als Führer der Autonomiebehörde, die immer mehr an Popularität verlor. Massive Mängel an ihrem Demokratie-Verständnis, die Verhaftung von Kritikern und ausufernde Korruption setzten dem Image zu. Der 2017 errichtete luxuriöse Präsidentenpalast, in dem der Arafat-Erbe residiert, besitzt zwei Helikopter-Landeplätze und eine großzügige Pool-Anlage. Kostenpunkt: 16 Millionen Euro.

Abbas' Präsidentschaft verfügt nur über eine dünne Legitimation. Seit 2005 gab es keine Wahlen mehr, obwohl die nächsten 2009 fällig gewesen wären. Finanzielle Schwierigkeiten und die massiv gestiegene Gewalt im Westjordanland haben schon vor dem 7. Oktober den Eindruck verstärkt, dass Abbas angezählt war. Bei einer Meinungsumfrage im Mai 2024, durchgeführt vom *Palestinian Center for Policy and Survey Research* im Westjordanland und im Gazastreifen, gaben 86 Prozent der Befragten an, mit Abbas unzufrieden zu sein. Trotz aller Gräueltaten lagen die Zustimmungswerte für die Hamas auch im ersten Kriegsjahr kontinuierlich hoch. Vor allem im Westjordanland.

Ob eine neue Ära, eine neue palästinensische Führung, an Boden gewinnen kann, wird maßgeblich davon abhängen, ob es gelingt, Terroristen die Gefolgschaft zu kündigen. »Niemals sollten die Palästinenser der Hamas verzeihen, welche Katastrophe sie verursacht haben«, fordert

Hussein Ibish vom *Arab Gulf States Institute* in Washington und meint, es würde nicht ausreichen, den Zorn auf Israels brachiales Vorgehen in Gaza zu richten.[75] »Die Hamas hat für ihre eigenen Machtinteressen das Schicksal der gesamten Nation aufs Spiel gesetzt.«

Einfach war es allerdings nicht für die Bevölkerung im Gazastreifen, Widerstand gegen die Terrorarmee zu leisten. Mehrere Fälle von Hinrichtungen sind bekannt, wenn Menschen aufbegehrten. Das größte Problem vieler Palästinenser und Palästinenserinnen war allerdings, dass sich keine neue Führungsgeneration etabliert hatte oder angesichts des massiven Drucks der Besetzung ihrer Gebiete etablieren konnte.

Auch in dieser Hinsicht ist der 7. Oktober ein Bruch mit der Vergangenheit: Es zeigte sich, dass ein politischer Neustart nötig ist, um nach der Katastrophe von Krieg und Terror das Fundament für eine neue Ordnung zu legen.

1.3 DAS DOPPELTE TRAUMA

Wie der Ausweg aus dieser Spirale der Gewalt aussehen könnte: Daran forscht der Sozialpsychologe Daniel Bar-Tal seit Jahrzehnten. Über die Ursachen schwer zu lösender Konflikte hat er zwei Dutzend Bücher und Hunderte wissenschaftliche Artikel verfasst.[76] Sie basieren auf der von ihm entwickelten These, dass jede Konfliktpartei ihre eigenen »Erzählungen«, ihr »Ethos«, kreiert und daran festhält.

Die physische Auseinandersetzung geht mit einem Konflikt der Narrative einher und wird durch sie verstärkt. »Jede Partei versucht ihre Leute davon zu überzeugen, dass ihre Darstellung, ihr Vorgehen, auch international als ›gerecht‹ gewertet wird. Gleichzeitig wird die andere Seite als ungerecht, gewalttätig und unmoralisch porträtiert«, so seine Analyse. Das mag in Kriegszeiten wichtig sein, auch um den Rückhalt durch die eigenen Leute zu sichern, doch die Haltung muss danach verändert werden. »Wenn der Blick sich nicht auf die Erzählungen der anderen Seite richtet, blockiert dies.« Aus dieser Theorie entwickelte Bar-Tal auch den Ansatz eines Auswegs: die andere Seite zu sehen, ihre Geschichte anzuerkennen.

Doch es sind die alten, tiefen Wunden beider Seiten, die dies extrem erschweren. »Hat Israel, geprägt von schweren kollektiven Traumata, anders auf den fürchterlichen Terrorangriff reagiert als es andere Nationen tun würden?« Talya Levanon beantwortete eben noch routiniert und blitzschnell alle Fragen. Nur bei dieser gerät die Psychotherapeutin ins Stocken. Sie schweigt, blickt aus dem Fenster ihres Büros in Tel Aviv. »Nichts«, sagt sie dann. »Nichts kann einen auf so etwas vorbereiten. Der 7. Oktober 2023 war ein Moment, als so gut wie alles, worauf unser Sicherheitsgefühl beruhte, kollabierte. Das Vertrauen, dass Israel ein sicherer Hafen sei, dass unsere Armee uns bewacht, dass die eigenen Eltern, das Zuhause, Schutz bieten.« Niemand der knapp zehn Millionen Menschen in Israel sei davon unberührt geblieben, sagt sie.

Levanon leitet die Hilfsorganisation *Israelische Trauma Koalition*, die seit Jahrzehnten professionelle Hilfe für den seelischen Umgang mit der Verarbeitung von katastrophalen Ereignissen bietet. Nun arbeiten sie und ihr Team unter Hochdruck. Wie auch die Psychiaterin und Psychotherapeutin Samah Jabr, die seit 2016 Maßnahmen zur seelischen Gesundheit im Gazastreifen aufbaut und koordiniert.

»Kein einziger Palästinenser ist derzeit nicht in irgendeiner Form von dem Krieg betroffen«, betont auch sie. Von ihrem Büro in Ramallah im Westjordanland aus versucht sie die Betreuung der Menschen im Kriegsgebiet aufrechtzuhalten. Viel geht nicht. »Es liegt alles in Trümmern. Was passiert, ist die Fortsetzung unseres kollektiven Traumas, Vernichtung und Vertreibung.« Am heftigsten treffe sie aber die Hilflosigkeit. »Die Welt sieht einfach zu.« Auch das wiederholte sich.

Diese zwei Frauen, beide führende Expertinnen bei der Behandlung von Traumata, scheinen Welten zu trennen, obwohl zwischen ihren Büros nur knapp mehr als fünfzig Kilometer liegen. Und doch fallen ihre Diagnosen ähnlich aus.

»Die aktuelle Eskalation lässt sich am besten verstehen, wenn man sie durch die historische Perspektive betrachtet«, versucht der Anwalt und Friedensaktivist Daniel Seideman die Dynamik des Konflikts zu erklären. »Was seit dem 7. Oktober geschehen ist, hat die Erinnerungen an die schlimmsten Momente des Leides beider Seiten wachgerufen. Ängste, die dicht an der Oberfläche geschlummert haben, vor allem davor, dass sich die Geschichte wiederholen wird, sind nun erwacht.«

Es geht um die Angst vor Vernichtung, Auslöschung und Vertreibung. So verschieden die Geschichte von Juden und Palästinensern auch ist, so wenig jede Form des Vergleichs zulässig, diese prägende Parallele ist sichtbar. Die Krise speist sich auch aus der nie verarbeiteten Gewalterfahrung früherer Generationen.

Ganze Nationen können kollektiv traumatisiert sein. Forschungen, vor allem mit Nachkommen der Holocaust-Überlebenden, zeigen dies. Auffällig ist, dass auch ihre Nachkommen niedrigere Cortisol-Werte im Blut haben, ihre Stresstoleranz deshalb geringer ist, die Verwundbarkeit für Traumastörungen somit erhöht.[77] Forschungsarbeiten der US-amerikanischen Psychiaterin Rachel Yehuda haben dies bewiesen. »Wir wissen, dass Trauma weitergegeben wird«, betont sie, »allerdings weder, wie sich solche Veränderungen konkret auswirken, noch, warum es überhaupt geschieht.« Es erscheint aber logisch, dass für Völker oder einzelne Gruppen, die über Generationen wieder und wieder mit akuter Lebensgefahr konfrontiert sind, die Gefahr der physischen Vernichtung sozusagen in Fleisch und Blut übergeht und die Gefahr von Panikreaktionen steigt.

Die psychischen Folgen des Krieges in Gaza sind noch nicht einmal im Ansatz absehbar. »Wenn das Bombardement stoppen wird, werden die Menschen in dem Gebiet beginnen müssen, eine traumatische Erfahrung zu verarbeiten, die kaum jemand in der Welt verstehen kann, so schwerwiegend ist sie«, betont Yara Asi, Assistenz-Professorin an der Universität Florida, Expertin für globales Gesundheitsmanagement.[78] Die Frage werde sich stellen, meint sie verzweifelt, »wie können sie gesund werden, wenn sie dermaßen seelisch belastet waren, dass ein schneller Tod das Gnädigste war, was sie sich vorstellen konnten?«

Bereits in den Jahren vor dem Konflikt waren Fachleute angesichts des schlechten psychischen Zustandes der palästinensischen Bevölkerung alarmiert. Eine Studie der Weltbank im Jahr 2022 zeigte, dass mehr als zwei Drittel der Bevölkerung im Gazastreifen an Depressionen litten.[79]

Gefangen in alter Panik, schwindet der Spielraum für Kompromisse und die Ansätze zur Aufarbeitung der kollektiven Traumata, aber auch für einen Blick auf eine gemeinsame Zukunft. »Von Kind an prägt uns eine zentrale Botschaft: Wenn wir stark bleiben, wiederholt sich der Holocaust nicht«, beschreibt die 1971 in Tel Aviv geborene Psychoanalytikerin Galit Atlas in ihrem Buch *Emotionales Erbe* die Prägung durch Traumata in Israel. Doch der Wunsch, es künftig anders zu machen, alte Verwundungen zu heilen, indem aus Opfern Siegertypen werden, sei kein taugliches Rezept, um aus der verheerenden Dynamik auszubrechen. »Der Sieg von Soldaten bedeutet Verlust, keinen Triumph«, meint Atlas. »In unserem Zwang, alte Traumata zu heilen, traumatisieren wir uns erneut.«

Die Geschichte droht sich zu wiederholen. Spätestens wenn jene Generation erwachsen wird, die jetzt im Schatten eines neuen kollektiven Traumas aufwächst. Ein Trauma, das, wie alle Fachleute betonen, auch im Jahr 2024 nicht und nicht aufhört. Der Schrecken will nicht enden. Die Folgen, vor allem für die Opfer der Gewalt, waren und sind verheerend. Bei einer Anhörung im israelischen Parlament behauptete ein Überlebender des Angriffs auf das Nova Musikfestival, dass von den Überlebenden des Terrorangriffs fünfzig Jugendliche sich das Leben genommen hätten, weil sie die Erinnerungen nicht länger ausgehalten hatten.[80] Das israelische Gesundheitsministerium bestreitet die Daten, die Organisation *For Life*, die sich mit der Suizid-Prävention beschäftigt, bestätigt allerdings vereinzelte Fälle. Erwiesen wurde auch, dass von den 3.600 Überlebenden des Festivals 1.700 wegen Angststörungen behandelt werden mussten.

Sie kehrten aus dem Trauma des Terrors zurück in die Normalität ihres Landes, das ihnen keine Sicherheit mehr zu bieten schien. »Israelis und Palästinenser haben nur noch eines gemeinsam: Das Gefühl, direkt neben jemandem zu leben, der sie töten will«, sagt Rula Daoud resignierend im Spätherbst 2023. Sie ist Direktorin des jüdisch-palästinensischen Vereins *Standing Together*, der zu den wenigen gehört, die versuchen, trotz allem Brücken zu schlagen.

Doch in der Ära kurz nach dem 7. Oktober 2023 erodierte jeder Halt. »Es ist sehr schwierig, gute Nachrichten am Horizont auszumachen. Wir sind in allen Bereichen festgefahren. Ein verheerender Krieg mit der Hisbollah im Libanon droht und könnte alles in den Schatten stellen, was wir im Gaza-Krieg bislang erlebt haben«, schrieb Amos Harel, einer der routinierten israelischen Militär-Korrespondenten, im Mai 2024.[81] Israelische TV-Teams berichteten in Live-Übertragungen von der Grenze zwischen Israel und dem Libanon, dazu wird das Insert gezeigt: »Wir verlieren den Norden.« In der Phrase steckt in Israel eine zweite Bedeutung. Es bedeutet auch, die Orientierung zu verlieren.

Kurz vor dem ersten Jahrestag des 7. Oktobers war die Lage auf beiden Seiten verzweifelt. Niemand hatte eine Ahnung, wie die Bevölkerung Gazas nach diesem Krieg wieder auf die Beine kommen sollte. Auch die Menschen in Israel waren am Ende ihrer Kräfte. Nachdem auch sehr junge Geiseln in Gaza brutal erschossen worden waren, kam es zu den größten Protesten seit Kriegsbeginn. Fast eine Million Menschen forderten einen sofortigen Waffenstillstand. Es war eine Zeit voller Zorn, Hass und unendlicher Trauer. Eine Region war dabei, sich zu verändern.

Einen Ausweg schien nur ein radikaler Weg nach vorn zu bieten: Hin zu zwei Staaten, die einander Sicherheit garantieren. Und eine Region, deren politische Führer helfen, eine solche Lösung zu stabilisieren.

2

DER NAHE OSTEN
WIRD ERFUNDEN

Wie nach dem Ersten Weltkrieg die
Weichen für ein Jahrhundert der Krise
gestellt wurden, jedoch jetzt eine Ära der
Stabilität beginnen kann

Von Dauerkonflikten im Nahen Osten, »deren Wurzeln Jahrtausende zurückreichen und die Folgen uralter Rivalitäten sind«, sprach 2016 der damalige US-Präsident Barack Obama in seiner letzten Rede an die Nation.[82] »Das ist lächerlich«, lautete die Kritik an seiner Geschichtsdeutung. Denn jene Krisen, die er meinte, hätten sehr wenig mit dem Altertum zu tun, betonten Fachleute, sondern viel mehr mit der Politik der vergangenen Jahrzehnte. Krisen, die er beklagte, seien eher Folgen von Interventionen und Invasionen erst durch Kolonialstaaten, dann durch die Supermächte, allen voran die USA, die immer noch in der Region eingreifen, um Einfluss und Zugang zu fossilen Rohstoffen sicherzustellen.

Es ist aber auch nicht die ganze Wahrheit. Machthunger von Autokraten und Monarchen der Region, die willig Pakte mit globalen Supermächten schmieden, ist auch ein Grund dafür, dass die Region nicht zur Ruhe kommt. Ein Faktor ist ebenso die Rivalität zwischen Saudi-Arabien und dem Iran, die Terrormilizen hochgerüstet haben, um ihre Position als Führungsmacht des Islams zu behaupten. Dazu kommen die Interventionen der Vereinigten Arabischen Emirate, Katar wie auch der Türkei[83], die Konflikte und Bürgerkriege befeuern; etwa in Libyen, Syrien, bis hin zum Jemen und dem Sudan, um ihre Einflusssphären auszudehnen.

Diese Machtpolitik wird kaltblütig auf dem Rücken der Bevölkerung ausgetragen, bringt sie um jegliche Zukunftschancen. Die zirka 500 Millionen Menschen im Nahen Osten wären mehr als bereit für eine Wende: sehr gut ausgebildet und willig, die alten Streitthemen hinter sich zu lassen. Es ist also zynisch, wenn darüber spekuliert wird, ob die Menschen im Nahen Osten für Stabilität und Demokratie überhaupt bereit sind. Acht von zehn Menschen sehnen sich laut Umfragen nach exakt diesem politischen System.[84] Wie viel Mut zum Aufbruch vor allem in der jungen Generation steckt, bewiesen die Aufstände des Arabischen Frühlings ab 2010, besonders in Ägypten, Syrien, Libyen und Tunesien. Die zweite Welle der Rebellion erfasste 2019 den Libanon und den Irak, wo Massen gegen die Aufspaltung in Religionsgruppen und die Kleptokratie der Eliten sowie die Großmachtpolitik des Irans rebellierten. Die Entschlossenheit der Generation Z, sehr viel für einen Wandel zu riskieren, auch das eigene Leben, illustrierte 2022 der Aufstand junger Frauen im Iran gegen das Diktat der Islamischen Republik.

Aber warum gelangt diese Generation nicht an die Macht? Im Scheitern der Aufstände des *Arabischen Frühlings* stecken einige Antworten. Gut organisierte islamistische Kräfte konnten das historische Drehmoment schlussendlich besser für sich nutzen als die über soziale Medien organisierte, *führerlose* Jugend, die bei den Wahlen für eine neue Ordnung weder Rückhalt hatte noch rasch zu einer Parteistruktur fand. So verfestigte sich der Eindruck, dass jede Veränderung zu Islamismus und Unfreiheit führt. Die einzige Alternative, die sich herauskristallisierte, waren verheerende Bürgerkriege.

Als Konsequenz daraus wurde Stabilität um jeden Preis propagiert. Das zeigte sich gut am Beispiel Ägyptens. Hier gelangte die islamistische Muslimbruderschaft nach dem Sturz der alten Ordnung an die Macht. Dabei spielte das Netzwerk der Muslimbruderschaft eine wesentliche Rolle. Sie entstand 1928, gegründet vom Volksschullehrer Hassan al-Banna.[85] Ziel war es, eine geheime Zellenstruktur Gläubiger zu schaffen, die gut ausgebildet werden, sich um karitative Anliegen kümmern, so die Idealversion eines islamischen Staates quasi vorleben und Fundament einer Opposition werden. Die Gruppe entfaltete viel Macht und dehnte sich in den folgenden Jahrzehnten in der gesamten arabischen Welt aus.

In Ägypten brachte die Revolution einer modernen Jugend und der von ihr ausgelöste Sturz des Langzeitpräsidenten Hosni Mubarak fast ein Jahrhundert später den Muslimbruder Mohamed Mursi an die Macht: Als Spitzenkandidat der Partei dieser Gruppe, die zuvor die Parlamentswahlen gewonnen hatte, wurde er 2012 Präsident. Seine wenig erfolgreiche Amtszeit endete 2013 abrupt durch einen Militärputsch, angeführt von seinem Nachfolger Abdel Fattah al-Sisi, der danach, von der Armee unterstützt, autoritärer regierte als einst Mubarak.[86] Selbst im einstigen Hoffnungsland Tunesien, wo der Arabische Frühling begann, ist der Aufstand auf Grund gelaufen. Präsident Kais Saied, der 2019 zum Staatsoberhaupt gewählt wurde, ging danach immer rücksichtsloser gegen Menschenrechtsaktivisten und die Zivilgesellschaft vor.[87]

Trotzdem konnten beide Staatschefs auf die Unterstützung der EU zählen. Mit den Präsidenten wurden Abkommen vereinbart, um die Migration über das Mittelmeer nach Europa zu bremsen. Im Juni 2024 stellte die EU etwa Ägypten eine Milliarde Euro zur Verfügung, um die marode Wirtschaft anzukurbeln. »Wir haben uns als verlässlicher Partner für Stabilität erwiesen«, freute sich Präsident al-Sisi.[88] Pro Jahr flossen Eurobeträge im zweistelligen Milliardenbereich in die Kassen der neuen Autokraten, um Verbündete gegen die Migration zu gewinnen. Ein Pakt mit dem türkischen Präsidenten Recep Tayyip Erdoğan, der nach der Flüchtlingskrise 2015 auf eine wohldotierte Kooperation mit der EU zählen konnte, war die Blaupause dafür. Die Standards der »humanitären Außenpolitik« der EU wurden für den eigenen Nutzen sehr weit gedehnt.

Der Preis dafür ist hoch. Lippenbekenntnisse für die Förderung der Demokratie stünden im krassen Gegensatz zur politischen Überlebenshilfe für Autokraten, die kritische Medienleute und Oppositionelle wegsperren, betont Marc Lynch, Direktor des Nahost-Instituts der *George Washington Universität*.[89] In seiner Analyse zu den Folgen des 7. Oktobers 2023 und des Krieges in Gaza kam er im Frühling 2024 zu einem alarmierenden Schluss. »Die Ereignisse haben die völlig ungelöste Zukunft der Palästinenser in den Vordergrund gerückt. Es wird von der Bevölkerung in Nahost als Symbol für die Ignoranz interpretiert und kann Zündfunke für große Proteste in Staaten wie Ägypten werden.« Lynch zählt zu den führenden Nahost-Experten in den USA und kritisiert, dass die »arabische Straße«, die Meinung der Bevölkerung, viel zu lange ignoriert worden sei. Deshalb könnte eine neue Zeitrechnung beginnen. Viel eher: müsse. »Wird der Konflikt jetzt nicht gelöst, gefährdet dies die Stabilität der Region.«

Dabei geht es besonders um das sogenannte *Arabische Quintett*. Ägypten, die Vereinigten Arabischen Emirate, Saudi-Arabien, Jordanien und auch Katar galten vor dem 7. Oktober 2023 als Hoffnungsträger für eine neue politische Landschaft in der Region. Moderate arabische Staaten, die zum Teil bereits Friedensverträge mit Israel geschlossen hatten, oder im Falle Saudi-Arabiens dies planten, galten als Basis für eine friedliche Ordnung der Region. Sie mussten angesichts des Krieges in Gaza, des Leidens der Zivilbevölkerung, einen sensiblen Balance-Akt bewältigen. Die eigene Bevölkerung rebellierte, forderte, jeden Kontakt zu Israel zu kappen. Gleichzeitig scheuten sie den Schritt, alte Verträge zu brechen, und so die USA vor den Kopf zu stoßen. Wirtschaftlich und militärisch waren sie in eine zu große Abhängigkeit geraten. Dazu ging es um die gemeinsame Front gegen einen anderen, größeren Feind: die Islamische Republik Iran.

In erster Linie Jordanien, aber auch Saudi-Arabien, unterstützten Israel militärisch gegen den ersten direkten Angriff des Irans Mitte April 2024. Doch die Bündnistreue kam nicht mehr zum Nulltarif und Druck auf eine Zwei-Staaten-Lösung wurde aufgebaut. Der Versuch, den Nahen Osten neu zu ordnen, das Fundament für eine prosperierende Wirtschaftsregion zu legen und dabei das haarige Palästinenser-Thema auszuklammern, war beendet. Zudem wussten alle: Früher oder später wird Israel auf ihre Unterstützung angewiesen sein, um Gaza wieder aufzubauen. Dies alles wurde nun ein probates Druckmittel dieser Länder, um einen Palästinenserstaat ultimativ einzufordern.[90]

Umdenken musste auch die internationale Gemeinschaft. Der verheerende Angriff der Hamas war eine weitere Niederlage im »Krieg gegen den Terror«. Seit Beginn des 21. Jahrhunderts ist er die zentrale Achse der internationalen Sicherheitspolitik. Die Angriffe der al-Qaida vom 11. September 2001 waren eine historische Zäsur. Es wurde von den USA und seinen Verbündeten Krieg geführt, nicht gegen ein Land, sondern gegen »den Terror« in 78 Ländern, allen voran 2001 in Afghanistan, später wurde so auch der Angriff auf den Irak 2003 gerechtfertigt. Knapp fünf Millionen Menschen sind durch die Kampfhandlungen umgekommen. Vierzig Millionen mussten vor den Terrorkriegen fliehen.[91]

Sicherer wurde die Welt nicht. Im Gegenteil. Jahre nach den militärischen Siegen gegen die al-Qaida und die Terrorarmee *Islamischer Staat (IS)*, fassten die Jihadisten wieder Fuß und rekrutierten online verstärkt Attentäter.[92] Islamistischen Terroristen gelang es, an Boden zu gewinnen. In Pakistan und Afghanistan formierte sich der Ableger *Islamischer Staat Khorasan*, von dem eine regelrechte Renaissance der Jihadisten ausging. Der Konflikt in Nahost erhöhte die Terrorgefahr weiter, drohte eine neue Generation zu radikalisieren. »Bereits im Jahr 2023 habe ich vor einer erhöhten Terrorgefahr gewarnt. Aber seit den Angriffen der Hamas sind wir mit einem völlig neuen Level der Bedrohung konfrontiert«, warnte FBI-Direktor Christopher Wray im Frühling 2024. Seine Sorge war mehr als berechtigt, wie ein fürchterliches Attentat im August dieses Jahres in Solingen in Deutschland illustrierte. Ein Syrer griff bei der Jubiläumsfeier der Stadt mit einem Küchenmesser wahllos das Publikum an. Drei Menschen starben, viele wurden verletzt. Der IS bekannte sich zu dem Anschlag, »als Rache für den Krieg gegen die Palästinenser«.[93]

Mit jedem Anlauf, die Terrorgefahr militärisch unter Kontrolle zu bringen, schien sie sich zu erhöhen. Das Vertrauen in den Westen war zermürbt. »George Bush hat uns Irakern die al-Qaida gebracht, Barack Obama den *Islamischen Staat*, was wird jetzt unter Trump im Irak folgen? Die Zombie-Apokalypse?«, fragte mich der Vater eines 17-Jährigen im März 2017 in der irakischen Stadt Mossul. Ich habe ihn bei der Beerdigung seines Sohnes getroffen. Eine eilige Zeremonie, direkt an der Front, im Visier von Scharfschützen der Terrorarmee und den Bomben der USA und ihrer Verbündeten, die um die Stadt gegen die Terroristen kämpften. Er war eines von Zehntausenden Opfern des Krieges gegen den IS, dessen Kämpfer drei Jahre zuvor ein Drittel des Iraks und die Hälfte Syriens unter ihre Kontrolle gebracht hatten.

Gegen den Terror und die Regime, die ihn sponsern, gewann man einzelne Schlachten, und der IS galt 2019 als »besiegt«, doch der Krieg gegen den Terror speiste seine Wurzeln. Dabei spielte auch eine Rolle, dass die Ziele mitunter willkürlich waren. Saudi-Arabien blieb der wichtigste Verbündete der USA im Nahen Osten, obwohl 15 der

19 Attentäter der Anschläge vom 11. September 2001 aus diesem Land stammten, wie auch Osama bin Laden, der damalige Boss der al-Qaida. Sogar Mitarbeiter des saudischen Regimes dürften direkt in die Angriffe verwickelt gewesen sein.[94] Dazu floss Geld aus saudischen Staatskassen jahrzehntelang in die Unterstützung von Extremisten und extremistischer Ideologie. Auf die Liste der amerikanischen »Achse des Bösen« der USA gelangte Saudi-Arabien dennoch nie. Es ist nur ein Beispiel für verwaschene Standards, die Groll erzeugen. Vor allem in jenen Ländern, die Ziele der Interventionen waren, vermarktet als Maßnahme zur Förderung der Demokratie.

Das Konzept des *regime change* – genehme »demokratische Regierungen« mit roher Gewalt zur Durchsetzung zu bringen – sei nicht zu Unrecht in Verruf gekommen, formuliert es ein Team von Autorinnen und Autoren um den ehemaligen CIA-Chef David Petraeus, der die US-Truppen im Irak und in Afghanistan kommandiert hat.[95] Seine Stimme wird sehr ernst genommen, denn ihm ist es gelungen, die verheerenden Folgen der US-Invasion im Irak in den Griff zu bekommen und die Lage zu beruhigen. Er gilt als Fachmann dafür, wie ein zumindest begrenzter Erfolg im Kampf gegen den Terror aussehen kann. Zwischen dem 11. September 2001 und dem 7. Oktober 2023 zieht er die Parallele des Schocks, weit über das betroffene Land hinaus. »Nach dem Angriff der Hamas hat die Führung Israels natürlich nicht akzeptiert, dass der Gazastreifen weiter von der Gruppe kontrolliert wird. Ein Regimewechsel war alternativlos«, heißt es in dem Artikel. In diesem warnt er aber vor einem gravierenden Fehler, den die USA in Afghanistan und im Irak begangen haben: anzugreifen, ohne einen Plan für die Zeit danach zu haben.

Dies führt zu der Frage nach einem möglichen Abkommen zwischen Israels Führung und den Vertretern der Palästinenser, aber auch nach der Zukunft der Region: Wie sicher ist die Region, wenn die Bevölkerung wählen darf und so wie in Ägypten die Muslimbruderschaft oder wie in den palästinensischen Gebieten eine Extremistengruppe wie die Hamas an die Macht bringt? Sie führt ins Spannungsfeld zwischen Sicherheitsinteressen eines Volkes und dem Selbstbestimmungsrecht eines anderen oder vieler anderer. Bislang meldeten auch Großmächte ihr Mitspracherecht an, von Europas Imperien nach dem Ersten Weltkrieg bis zur Sowjetunion und den USA ab 1945, und den globalen Ambitionen von Russland und China im 21. Jahrhundert. Der Ressourcenreichtum der Region sowie ihre geostrategische Lage wurden zum Persilschein für Interventionen.

Die Resultate waren verheerend. Zermalmt von Großmachtinteressen wurden in der Region Länder aus dem Boden gestampft, die zerbrechlich und somit kontrollierbar sind. »Bereits kurz nach dem 11. September 2001 zeigte sich: Amerika ist nicht mehr von Staaten bedroht, sondern davon, dass Staaten zerbrechen«, betonte Renad Mansour, Irak-Experte des britischen Think-Tanks *Chatham House*. Exakt hier lugt ein roter Faden hervor, der hilft, fast alle Krisen einzuordnen: Sie sind davon geprägt, dass extremistische Milizen ins Machtvakuum nicht funktionsfähiger Staaten dringen. Es sind also nicht Jahrtausende, die es gilt, zurückzublicken, es genügt ein Jahrhundert, um den Nahen Osten und seine Konflikte zu verstehen.

2.1 ANATOMIE DER ARABISCHEN WELT

Das Konzept »Naher Osten« ist jung. Der Begriff kursierte ab dem 19. Jahrhundert, verbrieft ist seine Verwendung aber erst 1902. Er taucht in einem Fachartikel verfasst vom US-Marine-Admiral Alfred Thayer Mahan auf, in dem er die Region zwischen Mittelmeer und Indischem Ozean »Middle East« nannte.[96] Ungenau wird es als »Naher Osten« übersetzt. Aber es ist ohnehin eher eine politische denn geographische Verortung, deshalb wurde das Akronym MENA *(Middle East and North Africa)* kreiert.

Beim Begriff »Naher Osten« ist eine Definition hilfreich, die das britische Parlament einer geopolitischen Analyse zugrunde legte.[97] Hier wird er dreigeteilt. In die arabische Halbinsel mit Bahrain, Kuwait, Oman, Katar, Saudi-Arabien und den Vereinigten Arabischen Emiraten sowie dem Irak; die Levante, zu der Jordanien, der Libanon, Syrien, Israel und die Palästinensischen Gebiete gehören; dann in Nordafrika mit Marokko, Algerien, Tunesien, Libyen und Ägypten (meist auch dem Sudan). Israel, die Türkei und der Iran werden als »weitere Staaten« dazugezählt. Zirka eine halbe Milliarde Menschen leben in dem Raum, zum Großteil sind es Muslime, Christen machen in Ägypten und Syrien etwa zehn Prozent der Bevölkerung aus, im Libanon zirka ein Drittel. Neben Arabern, Türken und türkischen Völkern sind Kurden und Perser sowie Amazigh beziehungsweise Berber in Nordafrika die größten ethnischen Gruppen.

Gemeinsame Charakteristika sind rar. Viele hier sind bettelarm, denn zahlreiche Staaten sind im Laufe des 21. Jahrhunderts in massive Wirtschaftskrisen geschlittert. 2024 wurden in Ägypten die Subventionen für den Brotpreis erstmals seit Jahrzehnten drastisch gekürzt – ein hochsensibler Schritt. In Syrien und dem Libanon müssen Familien bisweilen ganze Tage auf Mahlzeiten verzichten, um irgendwie den Alltag zu finanzieren. Dem stehen die Golf-Monarchien gegenüber, die durch den Export von Öl und Gas zu gigantischem Reichtum gelangten und ihr Vermögen in größenwahnsinnige Projekte stecken. 2024 galt Saudi-Arabien als die Weltmacht des Fußballs, verpflichtete für eine Milliarde Euro Größen des Sports für saudische Clubs. Investiert wird auch in andere Bereiche, vor allem in den Tourismus.

Ziel ist es, die steigende Arbeitslosigkeit der Unter-Dreißigjährigen abzufedern.[98] Sie stellen wie in fast allen Ländern der Region einen Großteil der Bevölkerung dar und brauchen Jobs, Jobs, Jobs. Die Jugendarbeitslosigkeit im Nahen Osten zählt mit 26 Prozent zu den höchsten der Welt.[99] Nur ein Fünftel der Frauen ist berufstätig. So ist auch innerhalb dieser Staaten das Wohlstandsgefälle enorm, zwischen einer winzigen Schicht Superreicher und jenen, die sich das Leben kaum leisten können. Laut einer Umfrage des Instituts Gallup würde jede dritte Person aus Frust über mangelnde Perspektiven die Heimat sofort verlassen, wenn es irgendwie möglich wäre.[100]

ZERSTÖRUNGSKRAFT EINER
LINIE IM SAND

All dies gilt als Bankrotterklärung einer geopolitischen Ordnung, die über hundert Jahre bestanden hat. »Sie ist kollabiert und es ist nicht klar, welches neue System an ihre Stelle treten wird«, stellte Barham Salih, ehemaliger Präsident des Iraks, in einer Rede im März 2016 fest.[101] Der irakische Kurde hielt sie während des Gedenkens an einen Pakt zwischen Großbritannien und Frankreich, der 1916 heimlich geschlossen wurde: das *Sykes-Picot-Abkommen*, Rohentwurf einer Aufteilung der Gebiete des Osmanischen Reichs nach dem Ersten Weltkrieg. Benannt wurde es nach den beiden Männern, die es ausgehandelt hatten: der britische Parlamentsabgeordnete und Diplomat Mark Sykes und sein französischer Kollege François Georges-Picot.

Die beiden versuchten damit, die Rivalität zwischen den beiden verbündeten Staaten zu entschärfen, die sich bereits während des Ersten Weltkrieges um die Nachkriegsordnung im Nahen Osten in die Haare bekamen. Das schon seit Jahrzehnten von inneren Machtkämpfen und Gebietsverlusten erschütterte Osmanische Reich trat im Herbst 1914 auf Seiten des Deutschen Reichs und Österreich-Ungarn in den Krieg ein. Ein Angriff auf die Schwarzmeerküste des Russischen Reichs setzte den Anfang der Kriegshandlungen. Dies illustrierte, dass es in diesem Konflikt aus Sicht des Osmanischen Reichs vor allem darum ging, die Territorien zu halten und das Rest-Imperium vor den

Begehrlichkeiten Frankreichs, Großbritanniens und Russlands zu retten.

Ein halbes Jahrtausend lang hat es den heutigen Nahen Osten dominiert, aber Nordafrika war schon von England, Frankreich und Italien kolonialisiert, das zerfallende Rest-Reich auf das Kerngebiet der Türkei, der Levante und der arabischen Halbinsel reduziert. Obwohl das Heer der Osmanen Frankreich und Großbritannien empfindliche Niederlagen zufügen konnte, gingen sie davon aus, dass sie siegen und sich nach dem großen Krieg die Restbestände des Riesenreichs einverleiben würden.

Nur wer bekommt was? »Ich würde einfach eine gerade Linie zwischen dem ›E‹ im Namen der Stadt Acre and dem letzten ›K‹ Kirkuks ziehen«, erklärte 1915 der Brite Mark Sykes seinem damaligen Premierminister Herbert Henry Asquith, als er ihm seinen Plan zur Aufteilung der zu erwartenden Kriegsbeute mit Frankreich vorlegte. Die kerzengerade Linie verlief von der nördlichen Küste des heutigen Israels bis zum südlichen Ende des Kurdengebiets im späteren Irak. Die Gebiete nördlich davon, der heutige Libanon und Syrien, würden Frankreich zufallen, der Süden, die osmanischen Provinzen Bagdad, Basra und Palästina, gingen an Großbritannien. Dies war praktisch, denn so würde eine Landverbindung zwischen Außenposten des Imperiums, Ägypten und Indien, entstehen. Eine Eisenbahnlinie lag in diesem Gebiet und obendrein wäre der Zugang zu den Rohöl-Quellen von Basra gesichert: damals schon ein gewichtiges Argument. Frankreich, das enge wirtschaftliche Beziehungen zur christlichen Bevölkerung in der Levante pflegte, profitierte von der Kontrolle über dieses Gebiet.[102]

Als Sykes den Plan Asquith unterbreitete, litt dieser an den Folgen eines nervösen Zusammenbruchs.[103] Angetan von der Schlichtheit der Lösung und zu erschöpft, um sich dem eskalierenden Konflikt mit den Franzosen zu stellen, gab er, ohne lange über die Folgen für die Region nachzudenken, grünes Licht. Als US-Präsident Woodrow Wilson von der Vereinbarung Wind bekam, soll ihn der Zorn gepackt haben, denn zu seiner zentralen Agenda gehörte das Selbstbestimmungsrecht der Völker. Aber die Führung Amerikas fürchtete mehr als einen Gesichtsverlust. »Die in Europa basteln an einem Nährboden für die Kriege der Zukunft«, kommentierte Edward House, der engste Vertraute von Präsident Wilson, diesen Pakt.[104]

Es gehört zu den größten Unterschieden zwischen dem Blick auf den Nahen Osten von Europa aus, wo wenige mit dem Begriff etwas anfangen können, und der Wahrnehmung vor Ort. *Sykes-Picot* ist in der Region für alle ein Begriff. Obwohl es nur ein vager Rohentwurf der Nachkriegsordnung wurde, gilt der Pakt als Symbol der zerstörerischen Einmischung von außen. Wie viel Sprengkraft dieses Abkommen birgt, zeigte sich beim Angriff des IS auf den Irak und Syrien 2014.[105] Bei seiner Siegesrede kündigte der Terrorboss Abu Bakr al-Baghdadi an: »Unsere Offensive wird erst stoppen, wenn wir den letzten Nagel in den Sarg des Sykes-Picot-Abkommens geschlagen haben.« Propaganda-Videos anlässlich der »Gründung« des Terrorstaates rückten Aufnahmen von Baggern, die

Grenzposten zwischen Syrien und dem Irak niederwalzten, ins Scheinwerferlicht. Die neongelben Inserts lauteten: »Wir zerstören hiermit Sykes-Picot.«

Gerade diese Region war von den Veränderungen nach dem Ersten Weltkrieg besonders betroffen: Zwischen dem nördlichen Teil Syriens um die Stadt Aleppo und der Region um Mossul bestanden in der Ära des Osmanischen Reichs besonders enge Verbindungen, verstärkt wurden diese Beziehungen durch eine Eisenbahnlinie. Es war der gemeinsame Siedlungsraum von Großfamilien. Diese Clan-Struktur war im dezentral geführten Osmanischen Reich Fundament der Ordnung. In der Neuordnung der Region wurde sie aber zwischen Frankreich und Großbritannien, dann zwischen den von den Kolonialmächten geschaffenen Staaten Syrien und Irak getrennt.

Das Sykes-Picot-Abkommen war dafür nur ein vager Rohentwurf. Die eigentliche Aufteilung erfolgte im Jahrzehnt nach 1918. Doch der Pakt galt als Start der von europäischen Großmächten und den USA diktierten Ordnung. Der Widerstand dagegen dynamisierte zwei Strömungen innerhalb der Bevölkerung, die schon im 19. Jahrhundert an Boden und Anhängern gewonnen hatten. Den politischen Islam und den arabischen Nationalismus.[106] Es war klar, die Ära nach dem Osmanischen Reich stand bevor. An dessen Spitze standen Sultane, die nicht nur politische Führer waren, sondern auch Kalifen: Die *Höchsten Führer* der Muslime. Es waren heftige Debatten, die die intellektuelle und politische Elite der arabischen Welt über ihre Zukunft führten. Die Einigungsbewegung von

Deutschland und Italien zeigte, dass die Ära der National-staaten anbrechen dürfte. Doch die Identitäten waren un-klar: Ist man Ägypter, Syrier oder Araber? Oder war eher ein Gegenentwurf die passende Lösung: Eine Renaissance der Identität als Muslime, ein neues Islamisches Reich, das so wie in dessen goldenen Zeiten der Führung durch arabische Dynastien wieder zu Glanz und Gloria finden würde und nicht als gedemütigte Kolonie der Europäer weiterbestehen müsste.

Es waren Fragen, deren Lösungen Zeit gebraucht hät-ten, um sich herauszukristallisieren. Doch die neue Ord-nung konnte nicht organisch wachsen, sondern wurde von den Siegermächten des Ersten Weltkrieges diktiert. Fanatische Nationalisten und zunehmend radikalisierte Islamisten übernahmen die Oppositionsrolle, begannen den Hass gegen den »Westen« zu schüren.

DER GESCHEITERTE PLAN
VOM KÖNIGREICH SYRIEN

Für Zorn sorgte langfristig, dass vor dem Pakt mit Frank-reich die Briten bereits ein anderes – widersprüchliches – Abkommen mit Hussein bin Ali geschlossen hatten. Er war der Emir, sozusagen Gouverneur, der Provinz Hejaz im Westen der arabischen Halbinsel. Der Clan-Chef der Ha-schemiten führte als direkter Nachkomme des Propheten Mohammed den Titel *Scharif*. Dieser Status samt der Kon-trolle über die im Islam heiligen Stätten Mekka und Medi-na in seiner Provinz bedeuteten, dass er das Zeug zu einer

Führungsfigur der Araber hatte.[107] Im Sommer 1915 nahm der britische Hochkommissar in Ägypten Kontakt mit dem Scharif auf, schlug ihm vor, auf Seiten Großbritanniens in den Ersten Weltkrieg einzutreten. Er und seine Söhne sollten einen Aufstand gegen das Osmanische Reich starten, es so von innen heraus schwächen.

Dafür wurde dem Scharif in der Nachkriegsordnung ein Königreich *Großsyrien* zugesagt, das sich vom Roten Meer über das heutige Syrien, Israel, Jordanien und über die arabische Halbinsel bis zur Grenze mit dem Iran erstrecken sollte. Es waren zähe Verhandlungen, aber Hussein ließ sich auf diesen Deal ein, konnte auch auf viel Geld aus London zählen. 400 Jahre lang hatte die türkische Führung des Osmanischen Reichs sämtliche Aufstände der Araber niedergeschlagen. Nun schien der Durchbruch, ein arabischer Staat, zum Greifen nah.[108] Dass die Briten ebenso mit Frankreich über die Kontrolle des Gebiets verhandelten, verschwieg man dem ambitionierten Clan-Chef, und später lange auch den fertigen Pakt von 1916. Genauso wie das Signal an die Zionisten 1917, in einem Teil des Gebiets einen Staat der Juden gutzuheißen. Die britische Nahostpolitik war eine regelrechte Anleitung zu einem Desaster.

Anfangs waren die Erfolge dieser »arabischen Armee« unter Führung des Scharifs bescheiden. Eine Rebellion in Mekka im Juni 1916 scheiterte. Dieses Heer, zusammengestückelt aus Kämpfern arabischer Stämme, konnte gegen das hochgerüstete Militär des Osmanischen Reichs wenig ausrichten. Deshalb schickte die britische Vertretung in Kairo einen Verbindungsoffizier in den Hejaz, der die militärische Strategie verbessern sollte: Thomas Edward Lawrence, später bekannt als »Lawrence von Arabien«.

Unter seiner Kuratel wurde die militärische Führung an die Söhne des Emirs übertragen: An Faisal, der eine zentrale Rolle übernahm, und an Abdullah.[109] Neu aufgestellt und besser ausgerüstet, gelang es dieser Truppe, den militärischen Erfolg der Armee der Briten zu planieren. Der entscheidende Durchbruch gelang 1917, als das »Arabische Heer« die Hafenstadt Aqaba am Roten Meer eroberte. Von hier aus führte sie ihr Feldzug nach Norden bis in die Hauptstadt des heutigen Syriens, nach Damaskus.

Als arabischer Held zog der Scharifensohn Faisal bin Hussein am 3. Oktober 1918 in Damaskus ein. Er war an diesem Tag aber nicht der Einzige, der sich als Sieger feiern ließ. Wenige Stunden vor ihm war der britische General Edmund Allenby in einem offenen Rolls Royce eingetroffen. Ihm war es gelungen, von Ägypten kommend Gaza einzunehmen, dann Jerusalem und nun auch Damaskus.

Hier kollidierten die Versprechen der Briten unsanft. Faisal bin Hussein wusste zu diesem Zeitpunkt bereits von dem Deal mit Frankreich, dass jenes Königreich Großsyrien, auf das sein Vater hoffte, der Regierung in Paris versprochen war. Also beeilte er sich – bevor Frankreich seine Truppen senden konnte – die Clan-Führer der arabischen Stämme in Damaskus zu einer Versammlung zusammenzutrommeln, um eine Regierung zu bilden mit den Haschemiten als Monarchen.[110] Kurzfristig gelang es dem Scharif Hussein, diesen Rückhalt zu festigen, und das Reich wurde gegründet. Doch Frankreich erstickte 1920 den Keim Großsyriens mit militärischer Gewalt.

Großbritanniens Führung erinnerte sich nur noch vage an die Zusagen im Krieg, gestand dem Scharif und seinen Söhnen nur ein Königreich in deren Heimat-Provinz, dem Hejaz, zu. Bei den Friedensverhandlungen in Versailles 1919 nach dem Ende des Ersten Weltkrieges war er als Kronprinz dieser Mini-Monarchie geladen, seine Ansprüche auf das Großreich wurden ernst genommen.

»Faisal bin Hussein war der erste einer Serie moderater, verantwortungsbewusster arabischer Führer, dessen Interessen von einer Großmacht verraten und schlussendlich von ihr geopfert wurden, und der keine Alternative hatte, als weiter mit ihr zu kooperieren«, formuliert es John McHugo resignierend in seinem Buch zur Geschichte Syriens. Er zeigt darin sehr anschaulich auf, wie massiv die Folgen des Verrats waren und sind. Der spätere Libanon und Syrien wurden von Truppen der Mandatsmacht Frankreich besetzt, die mit einem regelrechten Bürgerkrieg der sunnitisch-arabischen Stämme konfrontiert waren. Denn sie sind von einem eigenen Land ausgegangen. Um den Aufstand zu unterdrücken, wurde die Minderheit der Alawiten in die von Frankreich formierte lokale Polizei-Truppe bevorzugt aufgenommen. Zu dieser Gruppe gehört auch der Clan der Assads, der ab 1970 das Land repressiv regierte und 2011 mit einem Aufstand der sunnitisch-arabischen Mehrheit konfrontiert war.

Die Haschemiten verloren nicht nur die Macht in Syrien, sondern auch ihre Heimat, den Hejaz. Dieses Gebiet eroberte der Clan der Sauds kurz nach dem Zweiten Weltkrieg durch Feldzüge von ihrer Hochburg im Zentrum der arabischen Halbinsel aus. Somit erlangten sie die Kontrolle von Mekka und Medina, Symbol der Macht ihres Clans. 1932 wurden ihre Provinzen zum Königreich Saudi-Arabien zusammengeschlossen und in dieser Form mit der Zustimmung Großbritanniens unabhängig. Die Mandatsmacht gab großzügig grünes Licht, erhoffte sich im Gegenzug Zugang zu den großen Öl-Quellen der Region.

Scharif Hussein starb 1931 im Exil und wurde in Jerusalem nahe der al-Aqsa-Moschee begraben. Einer seiner Söhne, Abdullah, verfügte da schon über den Status des »Wächters der Heiligen Stätten von Jerusalem«. Er wurde 1923 zum Emir der neu kreierten Provinz Transjordanien ernannt, 1946 wurde das Gebiet als Königreich unabhängig. »Ich fühle mich wie ein Falke in einem Vogelkäfig«, kommentierte Abdullah seinen »Trostpreis«.[111] Er war mit Beduinen-Stämmen konfrontiert, die der plötzliche Import-König irritierte, und erhielt ein Stück Wüste in der Größe von Portugal. Die Hauptstadt Amman war ein größeres Dorf mit 6.000 Einwohnern. Doch König Abdullah I. vererbte seinem Clan seine politische Schlüsselrolle in Nahost, die sein Enkel König Hussein und sein Ur-Enkel Abdullah II. geschickt ausfüllten.

Eingefädelt hatte die »Transjordanien«-Lösung Winston Churchill in seiner Rolle als britischer Kolonien-Staatssekretär. Er prahlte damit, das Land an einem Nachmittag »erfunden« zu haben. Er konzipierte auch einen weiteren Staat: den Irak, zusammengesetzt aus den osmanischen

Provinzen Mossul, Basra und Bagdad. Als König setzte Großbritannien 1921 den im Ersten Weltkrieg so effizienten Scharifensohn Faisal ein. Die Krönung des arabischen Sunniten war ein gewiefter Schachzug. Kurden und Schiiten, die sich plötzlich in einem gemeinsamen Staat fanden, fühlten sich wenig vertreten. »Die oberste Macht in diesem neuen Staat Irak muss in der Hand eines Sunniten liegen, ansonsten errichten die Schiiten hier einen theokratischen Staat«, begründete die Archäologin und britische Beamtin Gertrude Bell die von ihr massiv beeinflusste Entscheidung.[112] Faisal versuchte, aus seinem Los als Marionette der Briten das Beste zu machen, einen modernen Irak als konstitutionelle Monarchie zu begründen. 1958 beendete ein Militärputsch das Experiment, sein Enkel Faisal II. und der Premierminister wurden grausam ermordet.

VOM OSMANISCHEN REICH ZUR TÜRKEI

Frankreich und Großbritannien konnten in der Region frei walten, weil sie vom Völkerbund, der Vorläuferorganisation der Vereinten Nationen, nach dem Ersten Weltkrieg das Mandat erhielten, »der Region beim Aufbau einer politischen Ordnung beizustehen«, wie es hieß. Ihr Plan von 1916 ging somit auf. Frankreich erhielt das Mandat für Syrien und den Libanon, Großbritannien jenes von Mesopotamien und Palästina. Auf diesem Terrain schufen sie Staaten nach ihren Vorstellungen.

Heftigen Widerstand gegen die von den Siegermächten diktierte Ordnung gab es allerdings aus dem Osmanischen Reich. In dem Vertrag von Sèvres 1920 wurde versucht, das Land zu einem Diktatfrieden zu zwingen. Das Reich wurde aufgelöst, große Teile der heutigen Türkei wären unter die Kontrolle der Alliierten gekommen, Istanbul etwa den Briten unterstellt. Griechenland, das sich erst kurz vor Kriegsende den Alliierten angeschlossen hatte, hätte einen Teil der Ägäis-Küste rund um das heutige Izmir erhalten. Ost-Anatolien sollte zwischen Armenien und dem Kurdenstaat aufgeteilt werden.[113] Übrig geblieben wäre ein Mini-Staat mit einem kleinen Teil der Schwarzmeerküste.

In diesem Moment eskalierte erneut ein schwelender Machtkampf im geschlagenen Reich, der schon vor dem Ersten Weltkrieg zu einem heftigen Konflikt zwischen den nationalistischen »Jungtürken« und dem Sultan geführt hatte. Als der Inhalt des Vertrages von Sèvres bekannt wurde, erklärte General Mustafa Kemal all jene, die ihn unterschrieben hatten, zu Hochverrätern. Seine Partei hatte samt anderen nationalen Kräften die Parlamentswahlen 1919 gewonnen und verfügte so über eine Machtbasis.

Kemal, der spätere erste Präsident der Türkei, der als »Atatürk« firmierte, genoss hohes Ansehen. Er hatte im Ersten Weltkrieg das Heer der Osmanen bei der für Großbritannien extrem verlustreichen Schlacht vor der Halbinsel Gallipoli angeführt und sie gewonnen. Er organisierte die Armee neu und führte die entstehende Türkei in einen Unabhängigkeitskrieg. Zentrales Ziel war es, die anrückenden griechischen Truppen zurückzudrängen, die über die zugesagten Gebiete hinaus versuchten, die Schwäche des Osmanischen Reichs für die Eroberung eines »Groß-Griechenlands« zu nutzen.

Er gewann diesen Krieg an allen Fronten gegen die kriegsmüden Alliierten und konnte zentrale Gebiete halten. Der Sieg wurde zu einem identitätsstiftenden Fundament der 1924 offiziell gegründeten Türkei. Das Sultanat samt dem Kalifat wurde abgeschafft, eine strikte Trennung von Staat und Religion eingeführt. Präsident Atatürk verordnete sofort einen gewagten Hechtsprung ins 20. Jahrhundert: Die lateinische Schrift wurde eingeführt, die traditionelle Kopfbedeckung für Männer verboten wie auch die Verschleierung von Frauen.

Doch der Prozess hin zum türkischen Nationalstaat war gesäumt von Katastrophen: Schon Ende des 19. Jahrhunderts wurde die armenische Bevölkerung angefeindet und angegriffen. 1915 erklärte die von nationalistischen »Jungtürken« geführte Regierung das Volk zu »inneren Feinden«, nachdem eine kleine Gruppe einen Aufstand versuchte. In der Nacht des 24. April 1915 wurden in Istanbul Hunderte armenische Politiker, Journalisten, Lehrer, Ärzte, Apotheker, Kaufleute und Bankiers festgenommen. Ihnen wurde vorgeworfen, mit den Kriegsgegnern zu kooperieren. In vielen anderen Städten wurden führende Figuren der Volksgruppe gefoltert und zur Abschreckung öffentlich hingerichtet.[114] Damit begann der Versuch, die Armenier auszulöschen, ein brutaler Massenmord an diesem Volk, den die Türkei jahrzehntelang bestritt. Dabei ist das Grauen unübersehbar gewesen. In Todesmärschen wurde die armenische Bevölkerung in Richtung der mesopotamischen Wüste vertrieben. 1,5 Millionen Armenier starben in diesem Genozid.[115] Doch die Türkei weigerte sich im Anschluss, diesen Völkermord anzuerkennen.

Wenngleich ein nicht so katastrophales Ausmaß von Gewalt, so doch ein massives Trauma lösten auch die Folgen des 1923 geschlossenen Vertrags von Lausanne aus, der die Türkei schlussendlich nach dem Krieg in ihren neuen Grenzen festlegte. Dabei wurde ein »Bevölkerungsaustausch« zwischen Griechenland und der Türkei vereinbart. 1,2 Millionen Griechen mussten das Gebiet der Türkei verlassen. Dafür wurden 400.000 Muslime aus Griechenland in die Türkei zwangsweise umgesiedelt.

Unter die Räder kamen bei der Entstehung der modernen Türkei auch die Kurden, ein Volk von mittlerweile vierzig Millionen Menschen ohne einen eigenen Staat. Dabei sah es nach dem Ersten Weltkrieg kurz nach einem solchen aus. Im Vertrag von Sèvres 1920 war Kurdistan vorgesehen. Der Widerstand der Türkei hat dieses Versprechen weggefegt. Drei Jahre später in Lausanne »erinnerte« man sich nicht mehr daran. Heute stellen Kurden in der Türkei zirka ein Fünftel der 85 Millionen Einwohner. Aber auch im Irak, dem Iran und Syrien bilden sie eine große und oft verfolgte Minderheit. Einen regelrechten Feldzug gegen das Volk startete Iraks Präsident Saddam Hussein, der ihre Städte mit Giftgas attackierte und dabei Zehntausende ermordete.

In der Türkei formierte sich in den 1970er-Jahren die kurdische Arbeiterpartei PKK. Angeführt von Abdullah

Öcalan kämpfte diese marxistisch-leninistische Gruppe mit Terrorattentaten für einen eigenen Staat. Nach dem Zusammenbruch eines Waffenstillstandes zwischen der türkischen Regierung und der PKK im Jahr 2015 verschärfte sich der Konflikt massiv, kurdische Bevölkerungszentren wurden ein regelrechtes Kriegsgebiet, Hunderte starben.[116] Die Kurden-Politik von Präsident Recep Tayyip Erdoğan ist reduziert auf einen »Anti-Terrorkampf«, der eine massive Unterdrückung aller Angehörigen des Volkes zur Folge hat, die sich politisch engagieren und nichts mit der PKK gemein haben. Sein Feldzug richtet sich gegen politische Vertreter besonders in jenen Gebieten, in denen dieses Volk die Mehrheit stellt, nimmt Anwälte, Menschenrechtsaktivisten und Journalisten ins Visier.[117]

Im Irak und Syrien greift die türkische Armee kurdische Milizen an, die aus der PKK heraus entstanden und zum Teil noch mit ihr verbündet sind. Dieser Konflikt destabilisiert weite Teile des Nahen Ostens und bedroht das ohnehin schwer gebeutelte Bürgerkriegesland Syrien.[118] Die Lage der Kurdinnen und Kurden, die Konflikte, die entstanden, weil sie bei der Staaten-Verteilung leer ausgingen, ist ein Beispiel für die mitunter fatalen Folgen der Großmacht-Ordnung nach dem Ersten Weltkrieg, die ohne auf Selbstbestimmungsrechte von Völkern zu achten, einzig nach machtpolitischem Kalkül etabliert worden ist.

2.2 VOM KALTEN KRIEG ZUM LAUEN FRIEDEN

Der Nahe Osten, wo die ersten großen Zivilisationen sowie drei Weltreligionen entstanden sind, eine Region, die bereits im Mittelalter eine Hochburg wissenschaftlicher Forschung war, wurde in der ersten Hälfte des 20. Jahrhunderts zu einer politischen Ruinenlandschaft. Aus den persischen, arabischen und osmanischen Großreichen war ein Flickwerk von schwächelnden Nationalstaaten geworden, die vor und kurz nach dem Zweiten Weltkrieg formal ihre Unabhängigkeit erlangten. Danach prägte sie enorme politische Instabilität, brüchige gemeinsame Identitäten lösten die Krisen aus, dazu mischten sich die neuen Supermächte, die USA und die Sowjetunion, ins Kräfteverhältnis, führten ihren Kalten Krieg im Nahen Osten. Das Ende des Imperialismus ging somit nahtlos in die nächste Ära über, in der die Menschen im Nahen Osten Statisten ohne Sprechrollen blieben.

»Die neue Politik der USA im Nahen Osten wird die gleichen schwierigen Klippen zu umschiffen haben, wie jene, die sich zuvor hier engagiert haben. Nun ist die Lage angesichts der rasanten Erfolge der Sowjetunion aber gefährlicher denn je«, betonte John Campbell, ein in US-Regierungskreisen einflussreicher Politologe, 1956.[119] Dem werde man sich stellen müssen, erklärte der damalige Präsident Dwight Eisenhower: »Eine Kontrolle des Nahen

Ostens durch die Sowjetunion hätte desaströse Folgen für unsere Wirtschaft.« Seine Position verdichtete sich in der *Eisenhower-Doktrin*, die Basis des US-Engagements, weniger eine konkrete Handlungsanweisung, denn Signal an Moskau, dass die USA hier ihre Interessen nicht kampflos aufgeben würden.

Die an Panik grenzende Besorgnis wurde durch Verteidigungsabkommen zwischen der UdSSR und Schlüsselstaaten des Nahen Ostens ausgelöst. In Syrien, dem Irak und Ägypten verübte das Militär Staatsstreiche, die neuen Machthaber rückten in den Orbit der kommunistischen Hemisphäre. Das Diktat der westlichen Großmächte sollte mit der »Bruderhilfe« aus Moskau abgeschüttelt werden.

Sie imitierten das System der Einheitspartei und Planwirtschaft. Aufgeblähte Beamtenapparate und Ministerien entstanden, die großzügige Förderungen für Dinge des täglichen Bedarfs verwalteten.[120] Die Privatwirtschaft kam nicht in die Gänge, die Demokratie fasste nicht Fuß. Die Führungsfigur war Ägyptens Präsident Gamal Abdel Nasser, der nach einem Militärputsch 1954 die Macht übernommen hatte. Er »erfand« den Arabischen Nationalismus als Neuauflage der alten Idee eines Großstaates, versuchte diesen als Experiment zwischen 1958 und 1961 in einer Union mit Syrien.

ARABISCHE FRONT GEGEN ISRAEL

Mit Militär- und Wirtschaftshilfe für die eigenen Verbündeten hielt die USA dem Einfluss entgegen: für Saudi-Arabien, den Iran und vor allem Israel. Der Kampf gegen diesen Staat wurde in der arabischen Welt zum Symbol für den Krieg gegen den Westen an sich aufgeladen. Die in der »Arabischen Liga« zusammengeschlossenen Staaten stimmten 1947 gegen den Teilungsplan. »Wir können diesen Bruch unserer Einheit und diese Bedrohung unserer Eigenständigkeit nicht dulden. Deswegen widersetzen wir uns gegen die Schaffung eines jüdischen Staates in Palästina, zu jedem Zeitpunkt in der Zukunft«, lautete damals die Erklärung des Präsidenten der »Arabischen Liga«, des Irakers Muhammad Fadhel al-Jamali.[121]

Unmittelbar nach der Staatsgründung Israels 1948 griffen Ägypten, Jordanien, Syrien, der Libanon und der Irak Israel an. Sie verloren diesen Krieg, doch ihr Widerstand blieb massiv und radikal. »Unser Ziel ist die volle Wiederherstellung der Rechte der Palästinenser. In anderen Worten: Unser Ziel ist die Zerstörung Israels und die Perfektion der arabischen Militär-Macht«, ereiferte sich Ägyptens Präsident Nasser im November 1965.[122] In den Jahren danach verschärften sich mit der Kampfrhetorik die militärischen Spannungen. Israels Armee ging im Sechstagekrieg Anfang Juni 1967 in die Offensive. Binnen Stunden waren die Armeen Syriens und Ägyptens geschlagen: Aufnahmen von ägyptischen Soldaten, die in der Wüste barfuß aus den Militär-Stützpunkten vor den Angriffen flohen, ihre Stiefel in Panik stehen ließen, wurden zum Symbol der Rückständigkeit der Armeen.

Das Selbstbewusstsein der arabischen Nationalisten war angeschlagen, die Schwächen der sowjetischen Militärhilfe offensichtlich. Die Machtlosigkeit der politischen Führung ebenso. Den Palästinensern half die als heroisch inszenierte »Hilfe« der arabischen Staaten wenig. Jene, die in die arabischen Nachbarstaaten flüchteten, waren dort Menschen zweiter Klasse. Sie waren lediglich Symbol des Machtkampfes der Eliten, deren Popularität schwand.

Mit der Krise des Nationalismus gewann eine andere Vision an Zulauf, deren Wurzeln ebenfalls in die Zeit vor dem Ersten Weltkrieg zurückreichen: Sollte eine Renaissance des Islams die Lösung sein? Diese Frage wurde wiederbelebt. Die ägyptische Muslimbruderschaft hatte nach 1945 in allen arabischen Ländern Stützpunkte: Sie wurden zur Opposition der Nationalisten und mit brachialer Unterdrückung bekämpft. In den Palästinensischen Gebieten und Syrien begannen sie sich zu Milizen zu organisieren und verübten Terrorattentate. In Ägypten wurden sie von Nasser massiv verfolgt, aber nach seinem Tod 1970 bot Anwar al-Sadat als neuer Präsident ihnen eine friedliche Koexistenz an.

Abtrünnige Muslimbrüder, radikalisiert in den Kerkern während der vergangenen Jahrzehnte, waren jedoch entschlossen zum Kampf. In Kairo entstanden erste Terrorgruppen, die den Jihad ausriefen[123] und begannen, die eigenen Regime anzugreifen, die sie als Verräter betrachteten, als Verbündete der Großmächte, die der Region nur Schaden zufügten. Zu den Gründungsfiguren der Jihad-Gruppen zählte Ayman al-Zawahiri. Er flüchtete in den 1980er-Jahren nach Afghanistan, lernte Osama bin Laden kennen und gemeinsam begründeten sie 1998 die al-Qaida: die Basis für den »Heiligen Krieg gegen den Westen«. In erster Linie destabilisierten gewaltbereite Islamisten die eigene Region; dies bereits schon Jahre vor der Gründung der jihadistischen Terrorgruppen.

JORDANIENS KÖNIGE IN SCHLÜSSELROLLEN

Sein Tod war ein Schock. Am 20. Juli 1951 wurde der jordanische König Abdullah, der Sohn des Scharifs von Mekka und Medina, beim Verlassen der al-Aqsa-Moschee nach den Freitagsgebeten in Jerusalem erschossen. Fast exakt dort, wo sein Vater begraben wurde. Der 69-jährige Monarch starb in jenem hoch sensiblen Areal der Altstadt, das seit 1920 unter dem Schutz seines Clans der Haschemiten steht.[124] Der Täter war ein 21-jähriger Schneider: Mustafa Shukri Ashu, Mitstreiter Amin al-Husseinis, des ehemaligen Großmuftis von Jerusalem, dessen Radikalisierung im Zweiten Weltkrieg massiv zum Konflikt zwischen Juden und Palästinensern beigetragen hatte. In König Abdullah von Jordanien sah Amin al-Husseini einen Verräter. Er warf ihm vor, mit Israel zu kooperieren und einen Staat der Palästinenser zu verhindern, da sein Königreich nach 1948 das Westjordanland annektiert hatte.

Der Tod des jordanischen Monarchen führte in eine schwere Krise. Sein Sohn Talal litt unter psychischen Problemen und hielt nur ein Jahr durch. Er reichte sein Amt rasch an die nächste Generation, Abdullahs Enkel Hussein, weiter, der mit gerade 18 Jahren König wurde. 46

Jahre, bis 1999, blieb er an der Macht. Trotz massiver politischer Herausforderungen, und einer Phase, in der er sich vehement gegen Israels Existenzrecht stellte, wurde er zu einem der Hoffnungsträger für Stabilität in der Region.

Fast wäre er nie dazu gekommen, denn Hussein hatte seinen Großvater nach Jerusalem begleitet.[125] Auch er wurde angeschossen, aber die Kugel prallte an einem Medaillon ab. Es war ein Geschenk seines Großvaters, der darauf bestanden hatte, dass der Enkel es trug. König Hussein blieb lange ein Überlebenskünstler: Ein Anschlag auf sein Flugzeug, Maschinengewehrsalven auf seinen Wagenkonvoi sowie ein Giftattentat konnten ihm nichts anhaben. Erst eine Krebserkrankung führte zu seinem frühen Tod mit 63 Jahren.

Fünf Jahre zuvor, 1994, schloss er Frieden mit Israel. Nach Ägyptens Präsident Sadat war Hussein der zweite arabische Staatschef, der Israel anerkannte. Beide Abkommen hatten trotz Krisen Bestand und erwiesen sich als robustes Fundament einer neuen Ordnung im Nahen Osten, auf dem ab 2020 auch die Golf-Monarchien aufbauten. Die Botschaft war simpel: Frieden mit Israel war möglich, ohne einen Aufstand der Bevölkerung zu riskieren. Zudem boten sich greifbare Vorteile für die jordanische Führung, denn im Abkommen mit Israel war auch die Sicherstellung der Wasserversorgung inkludiert. Hundert Millionen Kubikmeter exportiert Israel pro Jahr nach Jordanien, eines der trockensten Länder der Welt.[126]

Der 7. Oktober 2023 und die Monate danach wurden aber zu ihrem ultimativen Härtetest. Vor allem für Jordaniens König Abdullah II. Mehr als die Hälfte der elf Millionen Menschen, die in Jordanien leben, sind Palästinenser, ihre Vorfahren sind 1948 und 1967 hierher geflüchtet. Sein Vater König Hussein überstand 1970 nur um Haaresbreite den Versuch radikaler Palästinenser, in dem Land die Macht zu übernehmen. »Der Weg nach Jerusalem führt über Amman!« Mit diesen Parolen probte Jassir Arafats PLO den Aufstand. Jordaniens Armee kämpfte zehn Tage lang, bis die Kontrolle wiedererlangt wurde. 25.000 Menschen starben. Ganz flaute der Konflikt nie ab, er wurde von Islamisten weitergetragen, die angesichts der wirtschaftlichen Krisen in dem Land Zulauf fanden.

Abdullah versuchte, den wachsenden Widerstand der Bevölkerung mit drakonischen »Sicherheitsgesetzen« zu brechen, agierte zunehmend wie ein arabischer Autokrat.[127] Jordaniens Menschenrechtslage wurde massiv kritisiert, der König regierte zunehmend mit der Brechstange, nutzte seine Machtfülle, die ihm erlaubte, Regierungen und Militärchefs zu ernennen, ungebremst aus. Nach dem Hamas-Terror und während Israels Krieg gegen Gaza drohten trotzdem die Dämme zu brechen. Zwei Drittel der Bevölkerung befürworteten das abscheuliche Attentat gegen Israels Bevölkerung.[128] Die Oppositionsgruppe *Islamische Aktionsfront*, wie die Hamas ist sie aus der Muslimbruderschaft heraus entstanden, rief ab Oktober 2023 zu Großdemonstrationen auf. Dabei wurde gefordert, das Friedensabkommen mit Israel aufzukündigen. Der König wurde, wie einst sein Großvater, als Kollaborateur gebrandmarkt, sein Porträt mit dem der israelischen Flagge gezeigt. »Dieser Krieg droht die Region in eine Katastrophe zu stürzen«, warnte König Abdullah II. nach Beginn der Offensive in Gaza.[129]

Ihm gelang es im ersten Halbjahr des Krieges, den Zorn der Bevölkerung unter Kontrolle zu halten. Er und seine Familie engagierten sich offensiv in humanitären Hilfsflügen nach Gaza, er selbst nahm in Militäruniform teil. Dass er bereit ist, für Deeskalation große innenpolitische Risiken einzugehen, bewies er am 14. April 2024, als der Iran Israel angriff. Bis zu einem Fünftel der 350 Marschflugkörper, Raketen und Drohnen, die das Mullah-Regime abfeuerte, wurden vom jordanischen Militär aus der Luft geholt und so unschädlich gemacht. Es war mehr als eine Notlösung, es war auch ein Rohentwurf für eine neue Ordnung: moderate arabische Staaten, die mit Israel gegen den Iran und die vom Regime in Teheran gesteuerten Terrormilizen kämpfen.

Abdullah II. wurde zur Führungsfigur der Allianz. Hilfreich war, dass seine Frau, die Betriebswirtin Rania al-Yasin, die er 1993 geheiratet hatte, Palästinenserin ist. Sie wurde zum politischen Stoßdämpfer in Jordanien und zu einem allgegenwärtigen Gesicht ihres Volkes. In Midi-Röcken, Seidenblusen und perfektem Make-up gab sie in Serie Interviews für internationale Medien. Darin kritisierte sie heftig das Vorgehen Israels. Die humanitäre Katastrophe werde zum Schandfleck des internationalen Bewusstseins, betonte sie.[130] Aber Königin Rania ergänzte auch: »Um nicht blind für das Leiden anderer zu werden, frage ich mich wieder: Wie würde es mir gehen, wenn ich die Mutter einer der israelischen Geiseln wäre?«

Stimmen aus Jordanien zur Beruhigung der Lage waren rar und nötig in diesem Konflikt. So wurde Außenminister Ayman Safadi nach Teheran vorgeschickt, um im Sommer 2024 eine weitere Eskalation des Konfliktes abzuwehren. Vorerst diplomatisch.

Jordanien hatte sich trotz sichtbarer Bruchlinien zu einem zentralen und robusten Pfeiler einer friedlichen Nahostordnung entwickelt. Und es forderte auch einen hohen Preis, den die USA bezahlen mussten. Seit 1949, dem Beginn der Allianz zwischen diesen Staaten, flossen umgerechnet dreißig Milliarden Euro in Jordaniens Kasse; der Großteil seit dem Friedensabkommen mit Israel 1994. Im Gegenzug dürfen US-Soldaten und Sicherheitskräfte hier stationiert werden.[131]

ÄGYPTENS VORSTOSS ZUM FRIEDEN

Auch die tonangebende Macht des Nahen Ostens, Ägypten, profitiert vom Frieden mit Israel. 1,3 Milliarden US-Dollar werden jährlich von den USA überwiesen, seit Präsident Sadat sich 1979 unter der Vermittlung von US-Präsident Jimmy Carter auf ein Abkommen mit Israels Premierminister Menachem Begin einigte. Der Moment war ein Triumph für Amerika: Mit Sadat wechselte das Land die Seiten im Kalten Krieg. Moskau verlor einen zentralen Verbündeten. Syrien, das mit Ägypten die Speerspitze der militärischen Bedrohung Israels gebildet hatte, stand nun allein da.

Langfristig handelten sich die USA damit ein großes Sorgenkind ein. Ägypten war im Jahr 2024 so gut wie bankrott. In jeder Hinsicht. Die nach 2011 an den Arabischen Frühling geknüpften Hoffnungen, dass mit einem Wandel in diesem Staat die gesamte Region sich hin zu Demokratie und Freiheit entwickeln könnte, ist zerplatzt.

110 Millionen Menschen leben in Ägypten, das Land gilt als die tonangebende Macht in der Region. Nach dem Sturz von Präsident Hosni Mubarak, der das Land dreißig Jahre autoritär regiert hatte, folgten die ersten freien Parlamentswahlen, die eine Mehrheit für die Muslimbruderschaftspartei ergaben. Kurz danach wurde ihr Kandidat Mohammed Mursi zum Präsidenten gekürt. Er schlitterte aber von einem Fiasko zum nächsten. Es zeigte sich: Die Islamisten hatten das Zeug zum Siegen, aber nicht zum Regieren.

2013 stürzte das Militär unter der Führung des Armee-Chefs Abdel Fattah al-Sisi den Muslimbruder Mursi. Bei Kämpfen mit dessen Anhängern kam es zu massiven Ausschreitungen, einem regelrechten Massaker. Bis zu 870 Menschen starben laut offiziellen Angaben, mutmaßlich lag die Zahl der Toten noch viel höher.[132] Trotzdem begrüßte die Bevölkerung zum Großteil den Coup, vertraute al-Sisis Versprechen, als neuer Präsident auch ein »neues Ägypten« aufzubauen. Seine Amtszeit ist aber von gravierenden Menschenrechtsverbrechen geprägt sowie von einem größenwahnsinnigen Investitionswahn. Um 45 Milliarden Euro lässt er eine neue Hauptstadt errichten, obwohl die Bevölkerung verarmt.[133] 2023 zählten

Migranten aus Ägypten zur zweitgrößten Gruppe, die in Italien mit Booten über das Meer ankamen. Just aus dem Land, mit dem die EU einen Pakt vereinbarte, um Migration aus Afrika zu stoppen.

Das Land hat umgerechnet 167 Milliarden Euro Auslandschulden angehäuft, davon mussten 2024 knapp dreißig Milliarden Euro zurückbezahlt werden. Ein Betrag, der 85 Prozent der Reserven des Landes entspricht. Aufgrund der Folgen des Krieges im Gazastreifen sanken aber in diesem Jahr die Tourismus-Einnahmen, die immerhin zwölf Prozent der Volkswirtschaft betragen würden, um ein Drittel.[134] Gigantisch ist auch der Schaden durch die Angriffe der Huthi-Miliz aus dem Jemen auf internationale Frachtschiffrouten. Dadurch ist der Verkehr durch den Suez-Kanal, eine weitere wichtige Einnahmequelle, um bis zur Hälfte zurückgegangen.

Doch für das Land steht in dem Konflikt zwischen Israel und der Hamas im angrenzenden Gazastreifen noch mehr auf dem Spiel. Von 1948 bis 1967 war dieses Gebiet unter ägyptischer Kontrolle, 2005 wurde ein Abkommen mit Israel zur gemeinsamen Kontrolle des Grenzübergangs in Rafah vereinbart. Ab 2006 wurde auch von diesem Punkt aus die Hamas-Führung in Gaza abgeschottet. Doch im Mai 2024 verletzte Israel das Abkommen ungeniert, als Rafah direkt angegriffen wurde. Weite Tunnelanlagen unter dem Grenzposten wurden entdeckt. Über diesen Weg konnte die Hamas über Jahre aufrüsten. Vor den Augen Ägyptens.

Der Angriff führte zu massiven Verstimmungen zwischen Israel und Ägypten, die durch den Tod eines ägyp-

tischen Soldaten verschärft wurden. Bei seinem Begräbnis in einem südlichen Vorort Kairos nannte der Imam
den Präsidenten einen »zionistischen Verräter« und feier-
te die »Gotteskrieger Palästinas«. Es war nicht der einzige
Protest in dem Land seit Beginn des Gaza-Krieges. Über
120 Menschen wurden bei Kundgebungen verhaftet, in
denen Pro-Hamas-Parolen skandiert wurden.[135]

Für Präsident al-Sisi, dessen Amtszeit von einem gna-
denlosen Feldzug gegen die Muslimbruderschaft geprägt
ist, sind solche Momente kritisch. Die Hamas ist Teil dieser Islamisten-Gruppe. Dies erklärt die Panik der Führung
des Landes vor einer unkontrollierbaren Massenflucht
aus Gaza nach Ägypten. Um dies zu verhindern, kam es
zu der Entscheidung, den Streifen trotz der humanitären Katastrophe für Flüchtlinge abzuriegeln. Al-Sisi war
sogar gewillt, seinen wichtigsten Trumpf auszuspielen.
Wenn es zu einer massenweisen Vertreibung kommt,
werde der Friedensvertrag mit Israel von 1979 aufgelöst[136],
ließ er über seine Sprecher ankündigen.

Leisten kann sich das Ägyptens Präsident nicht, deshalb versuchte er auf dem Höhepunkt der Krise auf Diplomatie zu setzen: Kairo wurde zum zentralen Schauplatz
der Waffenstillstandsverhandlungen zwischen der Hamas und Israel, Ägypten zum Mediator, der nicht ohne
Eigeninteressen agierte.

2.3 DIE GOLFSTAATEN IM AUFWIND

Eine wesentliche Rolle bei den Verhandlungen zwischen Israel und der Hamas spielte auch das Golf-Emirat Katar. Kein Weg schien auch in den Jahren davor an dem Land als wichtigstem Mediator der Region vorbeizuführen; nicht nur in diesen heiklen Verhandlungen. Scheich Tamim bin Hamad Al Thani, der seit 2013 an der Macht ist, versucht sein Land als diplomatische Großmacht neu zu positionieren. »Die Katarer sind exzellente Vermittler, sehr motiviert«, so die Einschätzung von Christopher O'Leary, einem früheren FBI-Mann, der für die amerikanische Regierung Geiselfreilassungen – auch mithilfe Katars – verhandelte.[137] Dazu hat das Land gewichtige »Argumente«. Katar investiert aber auch sehr viel Geld, um seine Position als Mediator aufzustocken, lockt mit Budgets für den Wiederaufbau, um Kontrahenten diverser Konflikte milde zu stimmen. Als eines der weltweit wichtigsten Exportländer für Flüssiggas ist Katar seit Russlands Angriff auf die Ukraine bedeutender denn je.

Das Emirat ist halb so groß wie Sizilien, zählt aber zu den reichsten Staaten der Welt. Mit Stand 2024 verfügt der staatliche Investitionsfonds über 510 Milliarden Euro. In diesen Topf fließen die Gewinne des Rohstoffexports.[138] Mit dem Geld investiert das Emirat weltweit, in Unternehmen in Europa, aber auch verstärkt in Asien, und legt dabei einen großen Schwerpunkt auf den Gesundheitssektor und die Biotechnologie. Und dieses Vermögen übersetzt Katar in politische Macht, betreibt den einflussreichen TV-Sender *Al Jazeera*. Katar manövrierte sich allerdings als Sponsor von Extremisten in eine heikle Position. Vor allem die Ableger der Muslimbruderschaft in Libyen, Tunesien, Ägypten und Syrien fanden in Katar einen spendierfreudigen Verbündeten.[139]

Und hier fand auch die politische Führung der Hamas 2012 ein Exil. »Sie zu beherbergen bedeutet, dass es einen Weg gibt, die Kommunikation aufrechtzuerhalten und schlussendlich Frieden zu finden«, verteidigte Mohammed bin Abdulrahman Al Thani, der Premierminister Katars, die Gastfreundschaft des Emirates auch nach dem grauenhaften Terror vom 7. Oktober 2023. Mutmaßlich folgte der Emir des Landes mit der Aufnahme der Hamas einer Bitte der USA, als die Gruppe ihren sicheren Hafen in Syrien verloren hatte. Man wollte die Bosse der Terrorgruppe im Visier behalten und so unter Kontrolle. Dies in allernächster Nähe. Zusätzlich zu einem Büro in Katars Hauptstadt Doha besaß Ismail Haniyyeh, der Polit-Boss der Hamas, in Strandnähe eine Luxusvilla, nur wenige Kilometer von der US-Militärbasis al-Udaid, dem größten Stützpunkt des Landes im Nahen Osten, entfernt.

Doch die Hilfe ging viel weiter. In Summe hatte das Emirat hunderte Millionen Euro an die Hamas ab ihrer Machtübernahme in Gaza bezahlt. Ab 2018 wurden offiziell 15 Millionen Euro pro Monat in Geldkoffern geliefert. Damit sollten Gehälter von Beamten und der Betrieb von Krankenhäusern finanziert werden. Die Palästinensische

Autonomiebehörde hatte damals die Zahlungen nach Gaza eingestellt, versuchte sich gegen die Finanzspritze zu wehren, um die Extremisten unter Druck zu setzen. Anders die Haltung der israelischen Führung, deren Sicherheitskabinett für den Millionen-Transfer grünes Licht gab. Premier war Netanyahu, der damit sein Ziel der Spaltung der Palästinenser verfolgte.[140]

DIE MACHT DER NEUEN »SCHEICHS«

Die Kooperation mit Extremisten hatte zu einem jahrelangen Boykott Katars durch die anderen Golfstaaten geführt. Doch dem Emirat gelang 2021 das Comeback. Mit der Fußball-WM 2022 vollzog sich eine Imagekorrektur, dann rehabilitierte es sich als Schlüsselstaat in der Verhandlung zur Beendigung des Gaza-Krieges. Katars Führung agierte selbstbewusster denn je, so wie die gesamte politische Elite der Arabischen Halbinsel. Sie sind zu einem Machtblock geworden, versuchen, den Nahen Osten kräftig aufzumischen. Die führenden Protagonisten firmieren unter den saloppen Akronymen ihrer Namen: MBS und MBZ. Kronprinz Mohammed bin Salman Al Saud, der Kronprinz von Saudi-Arabien und der Präsident der Vereinigten Arabischen Emirate und der Machthaber Abu Dhabis, Mohammed bin Zayed Al Nahyan.

In dem Outfit eines Scheichs stecken knallharte Machtstrategen, die mit Religion und reaktionärem Sittendiktat nur noch wenig am Hut haben. Sie betreiben eine Öffnung für Direktinvestitionen, gründen Luxusressorts für ausländische Touristen und stellen die Weichen für die Ära nach dem Goldregen, den sie den Bodenschätzen verdanken. Sie agieren repressiv, selbst kaltblütige Verbrechen perlen an ihnen ab. »Bislang haben die Monarchen in der Golfregion ihren Ölreichtum gönnerhaft an die Bevölkerung verteilt. Diese Ära ist vorbei«, sagt Christopher Davidson, der zu den politischen Systemen der Golfregion forscht. Er nennt sie »fortgeschrittene Sultane«, die andere Mitglieder der Clans ausbremsen und auch die Macht religiöser Führungsfiguren zurechtstutzen. Nationalismus mit den Herrscherfiguren im Fokus soll Legitimität schaffen.

Dieses System prägt vor allem die Vereinigten Arabischen Emirate und Saudi-Arabien. In ihren Prognosen gehen Fachleute des Internationalen Währungsfonds davon aus, dass die beiden geoökonomischen Supermächte bis 2030 bis zu 1,2 Billionen Euro mit Rohstoffexporten verdienen werden. Auch die Emirate investieren so wie Katar über ihren Staatsfonds weltweit in Unternehmen, sie nutzen ihn aber auch gezielt für Wirtschaftsdiplomatie. Die Stärke beruht auf *Bailouts* – also Rettungspakete für strauchelnde Volkswirtschaften. Bis zu 300 Milliarden Euro haben die beiden Staaten in 22 Länder des Nahen Ostens gepumpt. Dies ist nahezu das Doppelte der Hilfen, die der Internationale Währungsfonds in dieser Region gewährte. Jordanien, die Türkei und auch das schwer angegriffene Ägypten sind so von ihnen abhängig.[141]

Einen »historischen Moment der Golfregion« ortet die Energie- und Sicherheitsexpertin Karen Young, die an der

US-Universität Columbia lehrt. Sie beschreibt den Aggregatzustand dieser neuen weltpolitischen Schwergewichte als »autoritären Kapitalismus«.[142] Sie rüsten auch für die Zeit nach dem Öl-Boom: Mohammed bin Zayeds Auftritt als Gastgeber der Klimakonferenz COP28 in Dubai rückte seine Ambition auf der Weltbühne deutlich ins Scheinwerferlicht. Im Schatten seiner Selbstdarstellung verschärft sich die Menschenrechtslage in dem Land massiv. Scharen von Menschenrechtsaktivisten und Anwälten verbüßen lange Haftstrafen; meist werden ihnen diffuse Terroraktivitäten vorgeworfen. Laut Recherchen der Organisation *Human Rights Watch* nutzen die Emirate die modernste verfügbare Überwachungstechnologie, spionieren die Internetnutzung und öffentliche Räume aus.[143]

Wie einfach es gelingt, Kritik an Menschenrechtsverletzungen verstummen zu lassen, führt der saudische Kronprinz vor. Obwohl ein Bericht der US-Behörden zu dem Schluss gekommen ist, dass Mohammed bin Salman persönlich für die brutale Ermordung des kritischen Ex-Journalisten Jamal Khashoggi im Oktober 2018 verantwortlich war, folgten keine Konsequenzen. Der Prinz ist in den Schlagzeilen, weil er Kinos eröffnet, Pop-Konzerte zulässt und Frauen endlich mehr Freiheitsgrade zugesteht. Doch die Fassade ist dünn. Dies illustriert ein Todesurteil, das im Juli 2023 ein Sondergericht gegen den pensionierten Lehrer Mohammed al-Ghamdi wegen einiger Nachrichten in den sozialen Medien verhängte, in denen er Korruption kritisierte. Appelle, der Kronprinz möge ihn begnadigen, nutzten nichts. »Er ist ein Psychopath ohne einen Funken Empathie«, beschreibt ihn Saad Aljabri, einst Chef des saudischen Inlandsgeheimdienstes.[144]

»Offensichtlich ist, dass der Westen als Nordstern der globalen Ordnung ausgedient hat«, betont Guido Steinberg von der Stiftung Wissenschaft und Politik. »Die Machthaber am Golf orientieren sich am chinesischen Modell. Sie wollen eine physische Modernität ohne politische Liberalisierung erreichen.« Dabei orientieren sie sich an der neuen Achse der Autokraten. Anfang Dezember 2022 empfingen die beiden Führer der Emirate und Saudi-Arabiens, immerhin die Energie-Hoffnungsträger des Westens, den russischen Präsident Wladimir Putin. Ähnlich viel Offenheit wird Chinas Führung entgegengebracht, der auch diplomatische Erfolge gegönnt werden, wie die Vermittlung einer geradezu historischen Annäherung zwischen Saudi-Arabien und dem Iran.

SAUDI-ARABIENS WANDEL

Die Tragweite der Veränderungen Saudi-Arabiens unter Mohammed bin Salman, der seinem schwerkranken Vater schon zu dessen Lebzeiten auf den Thron folgte, sind massiv. Nach den USA und Russland ist das Land der größte Öl-Exporteur der Welt, dies gibt dem Prinzen das Gefühl, nach Gutdünken handeln zu können. Auf der Weltbühne und in seinem Land.

Er begann das System des Landes, das auf einer ultrakonservativen Interpretation des Islams basiert, radikal zu verändern. Diese Auslegung wird als »Wahhabismus«

bezeichnet. Der Name leitet sich von einem Prediger des 18. Jahrhunderts ab, der auf der arabischen Halbinsel die Rückkehr zu der aus seiner Sicht »reinen Form des Islams« vertrat. Der Alltag sollte sich an jenem der Zeit des Propheten Mohammeds orientieren. Damals gab es eine Allianz zwischen dem Clan der Sauds und al-Wahhab, dessen Ideologie sie nutzten, um die gesamte Halbinsel zu erobern. Für kurze Zeit gelang ihnen, hier eine Machtbastion zu schaffen.

Bei ihrem politischen Comeback als Monarchie in den 1930er-Jahren orientierten sich die Sauds wieder an dieser Ideologie. Die Scharia, das islamische Gesetz, wird buchstabengetreu vollzogen; samt Körperstrafen und Amputationen. Den Frauen wurde das Autofahren lange verboten, Vollverschleierung ist Gesetz. Dabei war das Königreich im 20. Jahrhundert auf dem Weg in die moderne Welt gewesen. Der sogenannte »Öl-Schock« im Jahr 1973 stellte die Weichen für einen schier unfassbaren Reichtum. Damals boykottierten arabische Staaten die Erdöl-Exporte in Länder, die als israelfreundlich galten. Es war die Reaktion auf den Krieg im Oktober 1973.[145] Die Preise stiegen exorbitant und pendelten sich nach der Krise auf einem deutlich höheren Niveau als zuvor ein. Die Folge war, dass der Westen schlagartig die Bedeutung des Nahen Ostens für den eigenen Wohlstand und seine Sicherheit begriff und gleichzeitig Länder wie Saudi-Arabien die Macht ihrer »Öl-Waffe« entdeckten.

Der neue Reichtum des konservativen Staates floss in eine Öffnung für einen westlichen Lebensstil. Dies endete allerdings abrupt 1979. Nur ein halbes Jahr nachdem die islamische Revolution im Iran die Monarchie aus der Macht katapultiert hatte und den fortschrittlichen Iran in einen Hort des radikalen schiitischen Islams verwandelte, vollzog sich in Saudi-Arabien ein ähnlicher Wandel.

Das Königshaus behielt hier die Macht, leitete die radikale Wende selbst ein. Ausschlaggebend war ein Terroranschlag, der dem damaligen König vor Augen führte, wie zerbrechlich seine Macht war. Im November 1979 stürmten 200 Jihadisten die Große Moschee in Mekka, in der sich zu diesem Zeitpunkt 50.000 Gläubige aufhielten, besetzten sie zwei Wochen lang und töteten Hunderte Menschen. Die Terroristen begründeten ihre Tat als Protest gegen die »Verwestlichung des Landes«.

Der Schock nach diesem Angriff führte zu einem abrupten Kurswechsel. Der Wahhabismus wurde wieder zum Dogma. Die saudischen Könige als »Hüter der Heiligen Stätten« von Mekka und Medina beanspruchten ihre religiöse Führungsrolle und begannen, gegen die ebenso global expandierende Islamische Republik Iran in einen Glaubenskrieg um die Führungsrolle in der muslimischen Welt zu ziehen. Ausgefochten wurde dieser mit der Finanzierung von ultrakonservativen Strömungen und auch mit der verdeckten Unterstützung von Terrorgruppen.[146] Bis zu hundert Milliarden Euro dürften zwischen 1980 und 2020 aus Saudi-Arabien in weltweit tätige Organisationen geflossen sein, die eine ultrakonservative Form des Islam propagieren.

Die Angst vor einem Schock wie 1979 ist im Königshaus nie ganz abgeflaut. Zu viel Nähe zum Westen zu signalisieren, gilt als brisantes Manöver. In diesem Kontext wird die historische Dimension der Politik der saudischen Führung bis zum 7. Oktober 2023 verständlich. Frieden mit Israel war zum Greifen nah. Die Aussicht auf eine neue Ära im Nahen Osten, die Stabilität und wirtschaftliche Impulse bringen sollte, war verlockend. Eine Allianz zwischen moderaten arabischen Staaten und Israel stand im Raum, mit dem Iran als erklärtem Feind. Ende September 2023 kündigte Israels Premierminister Netanyahu in seiner Rede vor der Vollversammlung der Vereinten Nationen an, dass man vor einem dramatischen diplomatischen Durchbruch stehe.[147] »Wir werden eine Transformation der Region vollziehen, vom Schauplatz von Chaos und Konflikt in eine Region von Wohlstand und Frieden.«

Bereits 2020 wurden unter Vermittlung des damaligen US-Präsidenten Donald Trump die sogenannten »Abraham-Vereinbarungen« geschlossen. Diese Normalisierung der Beziehungen zwischen Israel und den Vereinigten Arabischen Emiraten, Bahrain sowie Marokko galten als Meilenstein. Lange weigerte sich Saudi-Arabien, Frieden zu schließen, ohne dass eine Lösung für die Zukunft der Palästinenser verhandelt wird. Auch dieses Tabu ließ den Kronprinzen reichlich unberührt. »Die Führung der Palästinenser hat vierzig Jahre lang jede erdenkliche Möglichkeit versäumt. Jetzt ist es an der Zeit, dass sie einfach den Mund hält«, echauffierte er sich bei einem Treffen mit Vertretern jüdischer Gruppen in den USA.[148]

Nach dem Terrorangriff der Hamas änderte er die Linie aber um 180 Grad. »Nur eine Zwei-Staaten-Lösung für Israel und die Palästinenser kann das Fundament für permanente Sicherheit und Frieden in der Region sein«, bekräftigte Außenminister Faisal bin Farhan im Frühling 2024.[149] Er würde sein Leben in Gefahr bringen, wenn er weiter mit Israel verhandelte, raunte der Kronprinz US-Abgeordneten im Sommer 2024 zu. Damit signalisierte er aber weniger den Grad der Bedrohung als die Höhe des Preises, den er für einen Handschlag mit Israel zu fordern scheint.

Er und der Rest der arabischen Führungselite schielen mit sorgenvollem Blick auf die Stimmungslage im Land. Eine vom *Arab Center for Research & Policy Studies* durchgeführte Umfrage, die im Januar 2024 veröffentlicht wurde, zeigt, dass wenige Monate nach dem Terrorangriff und dem Beginn des Krieges im Gazastreifen 68 Prozent der Bevölkerung Saudi-Arabiens eine Anerkennung Israels ablehnten. Doppelt so viele wie im Jahr zuvor.[150] Ohne einen Staat Palästina einzufordern, drohte der saudische Kronprinz an seiner Machtbasis zu sehr zu rütteln. Ein Risiko, das der Clan zu vermeiden versucht, vor allem, um dem Erzrivalen Iran nicht die für die arabische Welt so wichtige Rolle zuzugestehen: die des Verteidigers der Palästinenser.

3

IMPERIUM ISLAMISCHE REPUBLIK

Wie der 7. Oktober 2023 den Iran
veränderte und auch in diesem Land
eine neue Ära beginnt

Im Krieg zwischen Israel und der Terrororganisation Hamas werde es einen Gewinner geben. »Den Iran«, prognostizierte Aaron Pilkington, Nahost-Experte der US-Airforce, wenige Tage nach dem 7. Oktober 2023. Auch ein halbes Jahr später blieb er bei seiner Einschätzung: »Es sieht auch langfristig danach aus. Alles spielt dem Regime in Teheran in die Hände: der Gaza-Krieg und die Angriffe der vom Iran kontrollierten Milizen auf Israel. Der Druck, den sie ausüben.« Vor allem sei aufgrund der Ereignisse der Friedensprozess zwischen dem Erzfeind Israel und dem Rivalen Saudi-Arabien jäh unterbrochen. Ein Pakt der beiden wäre für den Iran sehr ungünstig.

Bei einer Rede im Juni 2024 anlässlich des 35. Todestages seines Vorgängers Ruhollah Khomeini, des Gründervaters der Islamischen Republik Iran, jubelte dann auch der Höchste Führer Ali Khamenei: »Die al-Aqsa-Flut der Hamas erfolgte genau zum richtigen Zeitpunkt«, sagte er. Israel, das er als »zionistische Macht« bezeichnet, sei drauf und dran gewesen, durch dieses geplante Abkommen mit Saudi-Arabien die Macht in der islamischen Welt zu übernehmen, das habe man verhindern können.[151]

Auch wenn offiziell jede Beteiligung bestritten wurde, sind sich Experten einig, dass die Hamas tatkräftige Hilfe aus Teheran erhalten hatte.[152] Es sei undenkbar, dass sie eine derartige Operation samt Paragleitern, Bulldozern und Aufklärung allein plante, betont Kobi Michael vom israelischen Institut für Nationale Sicherheitsstudien, Experte für die Beziehungen zwischen der Hamas und dem Iran. »Dieser Angriff war nur mithilfe eines Staates möglich. Dazu braucht man Geheimdienstinformationen und hoch entwickeltes Know-how, um etwa die Überwachungstechnologie am Grenzzaun gezielt außer Kraft zu setzen.« Als wahrscheinlich gilt aber, dass Hamas-Chef Yahya Sinwar auf eigene Faust den Überfall startete, ohne jemanden davon zu informieren.[153]

Nach einigen Schrecksekunden folgte Applaus für das grausame Verbrechen, den Mord an über tausend Menschen. »Was die Hamas vollbracht hat, ist eine Fortsetzung der Siege aller unserer Widerstandsgruppen«, lautete der Kommentar von Nasser Kanani, Sprecher des iranischen Außenministeriums. Mit unappetitlichem Pathos reagierte Khamenei[154]: »Ich küsse die Hand der Palästinenser, die das vollbracht haben.«

Die Hamas zählt zu einem Dutzend Milizen und Terrorarmeen, die vom Regime in Teheran seit Jahrzehnten unterstützt werden, damit sie anstelle des Irans den Krieg gegen Israel führen. Das schont aus Sicht des Regimes der Islamischen Republik Land und Leute. Doch das Krisenjahr 2024 veränderte diese Strategie. Erstmals geriet der Iran direkt in eine militärische Auseinandersetzung mit Israel.

Gleichzeitig war die Führung des Irans mit turbulenten Entwicklungen im eigenen Land konfrontiert. Der Aufstand der Jugend, getragen von mutigen Frauen, stellte das ultrakonservative System infrage, rüttelte an den Grundfesten der Macht der Kleriker. Dazu musste das Regime 2024 den plötzlichen Tod von Präsident Ebrahim Raisi bei einem Helikopterabsturz verkraften. Mit ihm verlor der ewig regierende Höchste Führer Khamenei seinen »Kronprinzen« sowie einen Verbündeten bei seinem Vorhaben, die ultrakonservative Ideologie der Islamischen Republik noch einmal fest einzubetonieren.

Bei der auf Raisis Tod folgenden Neuwahl im Juli 2024 gewann überraschend der Reformkandidat Massud Peseschkian. Er war gerade wenige Stunden im Amt, als einer der Gäste seiner Inauguration am 31. Juli 2024 kurz nach der Zeremonie starb. Ismail Haniyyeh, der politische Führer der Hamas, wurde mutmaßlich durch einen israelischen Plot in seinem Gästehaus in Teheran getötet. Wie er genau starb, blieb lange ein Geheimnis. Israels Führung schwieg sich aus, weder bestritt noch bestätigte sie den Mordanschlag auf Haniyyeh.

Sein Tod wurde trotzdem zum Zündfunken für eine der schwersten Krisen seit Jahrzehnten im Nahen Osten. Der Konflikt zwischen dem Iran und Israel spitzte sich zu, die eigentlich zentrale Front der Nahost-Konflikte in der Ära nach dem 7. Oktober 2023 wurde deutlich sichtbar. Israel war näher an die moderaten arabischen Staaten gerückt, wurde von Jordanien gegen den direkten Angriff des Irans im April 2024 unterstützt. Der Iran hatte sein Netzwerk loyaler Milizen, von den schiitischen Terrorgruppen in Syrien und dem Irak über die Hisbollah im Libanon bis hin zu den Huthi-Milizen im Jemen, in Angriffsposition auf Israel und amerikanische Stützpunkte gebracht.

Sein 35. Jubiläum im Amt beging Ali Khamenei im Juni 2024 in bester Laune. Chaos in der Region war Treibstoff für seine Großmachtpolitik, die er als persönlichen Erfolg wertete.[155] »Die wichtigsten dieser vom Iran kontrollierten Milizen haben einen Treueschwur auf Khamenei geleistet«, betont Arash Azizi, Historiker an der *Clemson University*. »Nicht die Regierungen ihrer Heimatländer kontrollieren sie. Der Höchste Führer des Irans ist ihr Boss.« Und »seine« Kämpfer verfügen zum Teil längst über mehr Macht, Waffen und Einfluss als die politische Führung ihrer Herkunftsstaaten.

Dieses Milizen-Netzwerk gilt als Ergänzung der beiden zentralen Säulen der Verteidigungsstrategie der Islamischen Republik.[156] Diese besteht zum einen aus der hoch entwickelten Raketen- und Drohnenindustrie. Die Kampfdrohnen des Irans sind billig und hoch effizient im Einsatz. Dies führte dazu, dass auch Russlands Präsident Wladimir Putin sie für seinen Angriffskrieg in der Ukraine in Massen importierte.[157] Die zweite Säule bildet das Nuklear-Programm, das offiziell nur »friedlichen« Zwecken dienen sollte, aber die latente Drohung der Produktion einer Atombombe stand immer im Raum. Zusammen sollten diese Elemente eine abschreckende Drohkulisse bilden, die einen Angriff auf den Iran prophylaktisch abwehrt und gleichzeitig die Obsession des Regimes untermauert: die Zerstörung Israels.

Seit der Gründung der Islamischen Republik Iran 1979 erklärt die Führung mit wilder Kampfrhetorik dies zum Ziel und propagiert offen Antisemitismus. Israel zu bekämpfen, die Palästinenser retten zu wollen: Mit diesem Anspruch signalisierten sie nicht regionalen Gestaltungswillen, sondern den Führungsanspruch im Nahen Osten.

Als »Krieg zwischen den Kriegen« bezeichnete Israels Armee diesen schwelenden Konflikt, von »strategischer Geduld« war im Iran die Rede, wenn es um das Vorgehen im Kampf gegen Israel ging. Dass der Konflikt in einen Krieg eskalieren würde, galt seit Jahren nur als Frage der Zeit. In der Ära nach dem 7. Oktober 2023 schien dies unvermeidlich. Bereits wenige Stunden nach dem Angriff der palästinensischen Terrorarmee auf Israel – das Entsetzen angesichts der unfassbaren Brutalität, aber auch der Ohnmacht der israelischen Armee und Sicherheitskräfte war noch nicht verdaut – stand ein weiteres regelrechtes Horrorszenario im Raum. Ein offener Krieg zwischen dem Iran samt seiner Verbündeten und Israel, unterstützt durch die USA.

Die Hisbollah griff aus dem Libanon an, auch die Extremistenmiliz der Huthis feuerte aus dem Marschflugkörper auf den Süden Israels und begann, die Handelsrouten im Roten Meer zu attackieren. Irakische Milizen beschossen amerikanische Stützpunkte in der Region. Gegenschläge der USA und auch Israels auf Ziele iranischer Verbündeter folgten. Bei einem Angriff am 1. April 2024 auf ein Gebäude, das zum iranischen Konsulat in Syriens Hauptstadt Damaskus gehört, wurden 16 Personen getötet, quasi die gesamte Führungsmannschaft der iranischen Auslandseinheiten, die in Syrien aktiv waren und dort die mit Teheran verbündeten Kämpfer koordiniert hatten.

Dieser Moment markierte eine historische Zäsur: Erstmals folgte darauf ein direkter Angriff des Irans auf Israel und ein Gegenschlag. Am 14. April feuerte das Regime in Teheran ein Geschwader von Hunderten Drohnen, Raketen und Marschflugkörpern in Richtung Israel, vier Prozent des gesamten Arsenals.[158] Der militärische Nutzen ging gegen Null. Es gab so gut wie keine Treffer, die meisten Raketen und Drohnen wurden abgewehrt. Der Iran kündigte den Angriff rechtzeitig an. Auch Israels Streitkräfte reagierten zwei Wochen später nur mit einem schaumgebremsten Gegenschlag auf eine Luftabwehr-Raketen-Batterie vor den iranischen Atomanlagen in Isfahan. Es ging da noch um »Botschaften«, was im Ernstfall möglich wäre. Doch die Zerbrechlichkeit dieses neuen »Gleichgewichts des Schreckens« war unübersehbar, rote Linien überschritten, wie die Eskalation im Sommer 2024 zeigte.

Die Verwundbarkeit Israels durch die vom Iran unterstützten Terroristen, aber auch die plötzlich aufflackernde internationale Solidarität mit der Hamas verkaufte der Höchste Führer des Irans als Zeichen der Stärke der Islamischen Republik. Er hatte dies bitternötig, denn das System war in einer tiefen Krise. Eine Rebellion der jungen Generation unter dem Slogan »Frau, Leben, Freiheit« hatte im Herbst 2022 gezeigt, wie weit sich das Volk längst von dem versteinerten System entfernt hatte und wie fragil das Imperium Iran eigentlich ist.

3.1 DER KAMPF UM DIE ZUKUNFT DES IRANS

Weiße Minibusse mit grünen Streifen: Wenn solche Fahrzeuge in den Straßen iranischer Städte auftauchen, stockt Passantinnen der Atem. Diese Farben kennzeichnen die Flotte der *Gasht-e Ershad*, der Moralpolizei. Diese berüchtigte Spezialeinheit sorgt dafür, dass der strikte Bekleidungscodex eingehalten wird. Sie geht dabei willkürlich und brutal vor. Der 22-jährigen Jina Mahsa Amini dürfte ein kräftiger Schock in die Glieder gefahren sein, als sie am 13. September 2022 am frühen Abend in Teheran beim Verlassen der U-Bahn-Station Shahid Haqqani von diesem Trupp angehalten und verhaftet wurde. Der Vorwurf: Sie sei nicht richtig gekleidet. Die Beamtinnen zwängten Jina Mahsa Amini in eines dieser weiß-grünen Autos und verfrachteten sie in ein Umerziehungszentrum.[159]

Augenzeugen berichteten, dass der jungen Frau dort mit einem Stock auf den Kopf geschlagen und sie mehrmals gegen eine Wand geschleudert wurde. Zwei Tage später lag sie bewusstlos und mit einem Kopfverband auf der Intensivstation der Kasra-Klinik in Teheran, wo sie am 16. September 2022 starb. Ihr Tod wurde zum Zündfunken einer Rebellion. »Frau, Leben, Freiheit«. Der Slogan brachte den Zorn einer ganzen Generation auf den Punkt. Sofort nach ihrem Tod fanden vor der Klinik erste Kundgebungen statt. »Moral-Polizei, ihr seid schuld!«, so die Sprechchöre. Bei Jina Mahsa Aminis Beerdigung rissen sich Frauen ihre Tücher vom Kopf und riefen: »Du wirst nicht sterben. Dein Name wird Symbol.«

Aminis Leben verlief typisch für das einer jungen Iranerin. Sie war kurz zu Besuch in der Hauptstadt, um ihren Studienbeginn im Fach Mikrobiologie zu organisieren. Während zum Zeitpunkt der Islamischen Revolution 1979 sechzig Prozent der Iranerinnen keine formale Ausbildung hatten, waren in den 2020er-Jahren bereits sechzig Prozent der neuen Studierenden Frauen. Zwei Drittel der 86 Millionen Menschen im Iran sind jünger als dreißig, vor allem junge Frauen sind gut ausgebildet wie noch nie. Doch ihre echten Freiheitsgrade sind gering. Frauen »dürfen« für politische Ämter wie einen Sitz im Parlament kandidieren und arbeiten gehen. Ihr Mann kann ihnen aber verbieten, sich einen Job zu suchen, bei Erbschaften werden sie benachteiligt und das System diktiert, wie sie sich anzuziehen haben.

Die Pflicht zur Verschleierung ist fixer Bestandteil der politischen DNA der Islamischen Republik, in deren Grundfesten eine »Gender-Apartheid« verankert ist. Bestrebt, sich von der gestürzten Monarchie abzugrenzen, die in dem Land eine radikale Modernisierung verfügte, wurde das Kopftuch zur Obsession der neuen Machthaber. Am Frauentag 1979 wurde es per Verordnung Pflicht. »Eine unverschleierte Frau ist in meinen Augen nackt«, verkündete der Revolutionsführer Ruhollah Khomeini sofort nach Amtsantritt. Die Sicherheitskräfte ahnden seither diese Vorschrift mit dem Slogan, »Ya roosari, ya toosari«.[160] Verhülle deinen Kopf oder ich zerschlage deinen Kopf.

Seit Beginn der Islamischen Republik wehren sich die Frauen im Iran dagegen, mit verzweifelten Protesten wie Selbstverbrennungen und mutigen Kundgebungen in den Städten des Landes. Die Demonstrationen im Herbst 2022 waren allerdings beispiellos in ihrer Tragweite. Jina Mahsa Amini war Kurdin, stammte aus der Stadt Saqqez im Nordwesten des Irans, wo die Mehrheit zu dieser Volksgruppe gehört. So waren es nicht nur junge Frauen, sondern besonders ethnische und religiöse Minderheiten wie Kurden und Belutschen, die den Aufstand mittrugen. Die Protestbewegung erstreckte sich auf über hundert iranische Städte, in 26 der 31 Provinzen gingen Menschen auf die Straße. Kopftücher wurden in lodernde Lagerfeuer geworfen, Demonstrantinnen kletterten auf gekaperte Polizeifahrzeuge. Frauen aller Altersschichten riefen mit offenen Haaren: »Wir wollen ein Ende der Islamischen Republik!«

Mit Schlägertrupps, Wasserwerfern, Tränengas, Gummigeschoßen und auch scharfer Munition versuchten die Sicherheitskräfte, den Widerstand zu brechen. »Es ist das Jahr des Aufstandes. Der Führer Khamenei wird gestürzt.« Solche Sprechchöre hallten durch den Behesht-e Zahra Friedhof in Teheran, als sich die Trauernden im Dezember 2022 am Grab des zwanzigjährigen Hamidreza Rouhi versammelten. Der Design-Student wurde bei einer Kundgebung erschossen.

Laut dem Bericht der Iran-Untersuchungskommission der Vereinten Nationen, im März 2023 veröffentlicht, wurden bei der Repression der »Frau, Leben, Freiheit«-Bewegung »Verbrechen gegen die Menschlichkeit verübt«. Es starben 551 Demonstrierende, darunter 49 Frauen und 68 Kinder. Hunderte Frauen, die an den Kundgebungen teilgenommen hatten, wurden gezielt an den Augen verletzt, »um sie für ein Leben lang zu brandmarken«.[161] Tausende wurden verhaftet, einige junge Frauen starben im Kerker, vergewaltigt und brutal geschlagen und gefoltert, acht Demonstranten wurden von Revolutionsgerichten zum Tode verurteilt und exekutiert.

»Es ist eine säkulare, starke, egalitäre und humanistische Bewegung mit einem gewaltigen Potenzial, einen fundamentalen Wandel auszulösen«, analysiert Mehdi Khalaji, ein in Ghom, der »heiligen Stadt« des Irans, ausgebildeter Theologe, der nun in den USA lebt.[162] Nach gut einem halben Jahr versandeten die Proteste, aber der Konflikt brodelte weiter. Zu lange hatte er sich schon hochgeschaukelt. Laut einer Umfrage der BBC hat sich 2015 ein Drittel der Bevölkerung für eine Trennung von Religion und Staat ausgesprochen, ein knappes Jahrzehnt später, 2024, lag der Wert bei 73 Prozent.[163] In einer Meinungsumfrage 2019, die von den Niederlanden aus vom Forschungsinstitut GAMAAN organisiert wurde[164], gaben 79 Prozent der Befragten an, sie würden bei einem Referendum – so es eines gäbe – gegen die Islamische Republik Iran stimmen.

DIE ISLAMISCHE REVOLUTION
VERLIERT IHRE KINDER

Bei den ersten großen Massendemonstrationen 2009 im Iran, als Millionen gegen Manipulation bei der Präsidentenwahl protestierten, ging vor allem die Mittelschicht gegen den manipulierten Sieg des Hardliners Mahmoud Ahmadinejad auf die Barrikaden. Sie stellten sich hinter den eigentlichen Gewinner, den Reformer Mir Hossein Mousavi.

Ab 2017 folgte in mehreren Etappen die nächste Protestwelle, die 2019 eskalierte. In dieser Phase war es die von der Wirtschaftskrise massiv betroffene ärmere Schicht, die aufbegehrte: Busfahrer, Arbeiter und Pensionisten demonstrierten gegen die steigenden Preise und vor allem gegen die obszöne Bereicherung von Teilen der Elite. Zig Skandale wurden bekannt, die den Zorn anheizten. So verschwand von der Sarmayeh-Bank ein mit 3,5 Milliarden Euro dotierter Reserve-Fonds, aus dem die Pensionen von Lehrern hätten bezahlt werden sollen, in den Taschen von Insidern des Regimes.[165]

Damals griffen die Sicherheitskräfte des Regimes mit brutaler Härte durch, um den Aufstand zu stoppen. 1.500 Menschen starben, Angst erstickte die Unruhen, aber die Missstände verschärften sich. Das Jahr 2023 war das vierte in Serie mit einer Inflationsrate von vierzig Prozent.[166] Fleisch, Tomaten und Thunfisch waren zu Luxusgütern geworden. Die Existenzgrundlage vieler erodierte, was den Widerstand gegen das repressive System der Islamischen Republik dynamisierte.

Ihre Führer schoben die Krise auf die massiven Wirtschaftssanktionen durch den Westen, die aufgrund des Nuklear-Programms und der Rüstungsindustrie verhängt wurden, aber auch gegen die Unterstützung von Terroristen und jenen, die Menschenrechtsverletzungen verübten. So wurden beispielsweise nach dem iranischen Angriff auf Israel im April 16 Personen und zwei Unternehmen, die in das Drohnenprogramm des Irans involviert waren, auf die Sanktionsliste gesetzt.[167] Tausende Einzelmaßnahmen sind in Kraft. Allein zwischen 2011 und 2023 verlor der Iran Einkünfte in der Höhe von 1,2 Billionen Euro aufgrund von Wirtschaftssanktionen, rechneten iranische Medien im Frühsommer 2024 vor.[168]

Der Iran verfügt über die drittgrößten Erdöl-Ressourcen der Welt, die Volkswirtschaft ist bis zu sechzig Prozent von den Ausfuhren abhängig. Es wäre also ein Leichtes, in dem Land Wohlstand zu schaffen. Dass dies nicht klappt, liegt aber auch am System. Misswirtschaft und Korruption des Regimes und seiner Günstlinge, deren Nachwuchs über die sozialen Medien ungeniert mit Luxusautos, Poolanlagen und reichen Buffets protzt. Auf der im Iran sehr beliebten Plattform Instagram kann man auf Kanälen wie *@therichkidsoftehran* bestaunen, wie gut es den Insidern des Regimes geht.

Es sagt auch eine Menge über die Prioritäten in dem Land aus, wenn trotz massiver volkswirtschaftlicher Probleme Terrorgruppen hochgerüstet werden, der eigenen Bevölkerung hingegen die Existenzgrundlage entzogen wird und Kritiker brutal verfolgt werden. Vor

Revolutionsgerichten werden in Schnellurteilen jene zu drakonischen Strafen verdonnert, die es wagen, unübersehbare Missstände anzusprechen. Politische Opposition kann als Gotteslästerung gewertet und sogar mit dem Tod bestraft werden. Selbst kleinste Gesten des Widerstands werden gnadenlos geahndet. Der Journalist Hossein Shanbehzadeh wurde beispielsweise Anfang Juni 2024 wegen Spionage, Kontakten zum israelischen Geheimdienst Mossad sowie »Beleidigung des Heiligen« angeklagt. Schwerwiegende Vorwürfe, die jahrelange Haftstrafen bedeuten könnten. Sein Vergehen: Auf dem Nachrichtenkanal Twitter setzte er einen Punkt als Kommentar unter ein Foto des Höchsten Führers Ali Khamenei.[169]

Es ist nur ein Schicksal von vielen, das eine Ahnung der nahezu grotesken Brutalität gibt. Dramatisch illustriert auch die Zahl von vollstreckten Todesurteilen die verheerende Menschenrechtslage. 853 Personen wurden 2023 im Iran hingerichtet, doppelt so viele wie im Jahr zuvor.[170] Bis 2005 und vereinzelt in den Jahren danach wurden Exekutionen auch durch grausame Steinigungen vollzogen. Dies dürfte mittlerweile nicht mehr praktiziert werden, aber Körperstrafen sind nach wie vor an der Tagesordnung. Bei Diebstahl werden einzelne oder alle Finger einer Hand amputiert, Auspeitschungen sind für zahlreiche Delikte ein Teil des Strafmaßes.[171]

Der Aufstand von 2022 wurde von der Führung nicht zum Anlass genommen, die Islamische Republik zu modernisieren, sondern das Vorgehen der Moralpolizei wurde verschärft, die Strafen für das Verweigern der Verschleierung auf bis zu zehn Jahre Haft erhöht.[172]

Die iranische Jugend hat sich unterdessen längst von ihrer Führung gelöst und ist allein in das 21. Jahrhundert aufgebrochen. Zwei Drittel der Bevölkerung sind regelmäßig online, 110 Prozent verfügen über ein Smartphone, was bedeutet, dass ein Teil mehrere Geräte hat. Trotz des massiven Einsatzes der Cyber-Polizei »FATA« gelingt es vielen, sich über das Verbot von Facebook, X und YouTube hinwegzusetzen.[173] Erlaubt ist mit Einschränkungen die Plattform Instagram, da auch die iranische Führung sowie Unternehmen diese äußerst beliebte virtuelle Bühne nutzen. Ohne Scheu zeigt sich die Jugend des Irans hier, wie sie sich gern auch IRL – also *in real life*, im echten Leben – sehen möchte: normal gekleidet, in modernen Wohnungen, mit ihren von der strikten islamistischen Ordnung verpönten Haustieren oder Tattoos.

Paare leben zusammen, ohne zu heiraten. Wenn sie es doch tun, sind alte persische Zeremonien en vogue. Es werden rauschende Partys gefeiert, bei denen Frauen und Männer tanzen, trinken und gemeinsam singen. Dabei kümmern sie sich weder um die gesetzlich verordnete strikte Geschlechtertrennung noch um das Alkoholverbot. Die Jungen haben die Verfassung für ihr Leben längst neu geschrieben, sich Lichtjahre vom Regime entfernt. »Die Menschen im Iran verstehen, dass die Islamische Republik nicht reformierbar ist«, sagte Mahmoud Moradkhani, ein Iraner, der seit Jahrzehnten im Exil in Frankreich lebt. Der Zahnarzt und Politikwissenschaftler

arbeitet im Ausland an der Bildung einer Oppositions-
regierung mit.

Doch er ist nicht irgendein politisch aktiver Flüchtling:
Badri Hosseini Khamenei, seine Mutter, ist die Schwester
des Höchsten Führers. Mit ihr begehrt Moradkhani gegen
seinen Onkel auf. »Ich möchte mein Mitgefühl mit jenen
ausdrücken, die aufgrund der Verbrechen des Regimes zu
trauern hatten: von der Zeit Khomeinis bis zur despoti-
schen Regentschaft meines Bruders«, formulierte Badri
Hosseini Khamenei Anfang Dezember 2022 in einem offenen Brief.

DIE NÄCHSTE REVOLUTION DER ULTRAKONSERVATIVEN

Der Bruch im Land ging also sogar durch die Familie des
Höchsten Führers selbst. Doch weder beinharte Machtkämpfe im Klerus noch ein Bombenattentat, eine Krebserkrankung oder eine chronische Herzinsuffizienz konnten Khamenei aus den Angeln heben. Im September 2022
schlitterte er allerdings in eine mehrfache Krise. Erst war
es »nur« hohes Fieber, dann sorgte ein Darmverschluss für
akute Lebensgefahr. Fast zeitgleich, während die Ärzte mit
einer Not-OP um sein Leben kämpften, starb die angehen-
de Studentin Jina Mahsa Amini in einem Spital in Teheran.

Gerüchte kursierten von einem Ende Khameneis, der
todkrank der Rebellion der Frauen nichts mehr entge-
gensetzen könne. Er erholte sich nach einigen Wochen.
Dass der 63-jährige iranische Präsident Raisi vor dem um

zwanzig Jahre älteren Khamenei stirbt – damit hatte aber niemand gerechnet. Er kam samt dem Außenminister Hussein Amir-Abdollahian im Mai 2024 bei einem Helikopterabsturz um. Ein Schockmoment inmitten des Krisen-Jahres 2024. Amir-Abdollahian war seit dem Beginn des Krieges Israels gegen die Hamas Schlüsselfigur bei der Koordination von den Verbündeten des Irans.

Mit Raisi starb jener Mann, der maßgeblich die Öffnung des Irans hin zu China und Russland umsetzte, er war angeblich der designierte Nachfolger des Höchsten Führers. Zu seinen letzten Aufgaben zählte die Verschärfung der Repression im Land. Dafür nutzte er seine neuen politischen Partner und kaufte bei China Technologie zur Überwachung des öffentlichen Raumes, auch um zu kontrollieren, ob Frauen ihre Kopftücher tragen.[174]

Gespart haben er und das Regime dafür am falschen Platz, wie sich zeigte. Sehr schlechtes, nebeliges Wetter war die Ursache des Unglücks, auch wenn Gerüchte von einer Sabotage die Runde machten. Doch viel Zutun hätte es nicht gebraucht. Der Präsident und seine Delegation stürzten mit einem Helikopter vom Typ *Bell 212* ab, den noch der Schah vor fast einem halben Jahrhundert bei seinen Verbündeten, den USA, bestellt hatte.[175] Der Absturz bewies schonungslos den havarierten Zustand des Landes.

In den sozialen Medien kursierten vor allem zynische Kommentare. Darunter Karikaturen, die zeigten, wie ein Zopf aus Frauenhaar den Helikopter zum Absturz brachte. Khamenei nutzte die Chance und erlaubte dem Reformer Massud Peseschkian neben drei anderen Kandidaten des ultrakonservativen Lagers, bei der Neuwahl des Präsidenten anzutreten. Das sollte Leute zum Wählen animieren und so die Legitimität des Systems stärken. Als Peseschkian die Wahl tatsächlich gewann, mochte sich Khamenei verkalkuliert haben. Oder es war ein gewiefter Schachzug, eine Figur im Machtapparat zu verankern, die frischen Wind bringt, aber in den Grundfesten loyal ist.

Der 1954 geborene Peseschkian versuchte als alleinerziehender Witwer von drei Kindern bei der rebellierenden Jugend zu punkten, absolvierte die Wahlkampfauftritte mit seiner Tochter. »Es gibt keine islamischen Texte, die eine Verschleierung von Frauen vorschreiben«, betonte er in seinen Reden. Er ist kein Perser, sondern Azeri, der in einer mehrheitlich von Kurden bewohnten Region aufgewachsen ist. Ein Signal an die unterdrückten Minderheiten im Iran.[176] Seit Mohammed Khatamis Wahl zum Präsidenten 1997 war kein Reformer mehr in dieses Amt gewählt worden. Unter ihm war der Arzt Peseschkian Gesundheitsminister.

Doch der Kardiologe hat sich in der Vergangenheit auch als treuer Diener der Islamischen Republik hervorgetan und sich ab der Revolution 1979 für die Verschleierungspflicht in Krankenhäusern starkgemacht. Mit einem Palästinensertuch absolvierte er seine ersten Auftritte als Präsident, beschwor seine Loyalität zu den Milizen und Terrorarmeen im Sold des Irans. Gleichzeitig versprach er aber die Verhandlungen für einen Atomvertrag mit den USA zu reaktivieren. Es war ein heikler Spagat, doch viel Spielraum hatte er ohnehin nicht, denn es ist nicht der Präsident, sondern der Höchste Führer, der den Iran steuert.

WIESO DER HÖCHSTE FÜHRER DES IRANS ALLMÄCHTIG IST

Ali Khamenei nutzt seine Macht in dieser Rolle bis zum letzten Quäntchen aus. Er ist Oberbefehlshaber der Streitkräfte, entscheidet den Kurs von Wirtschaft und Außenpolitik, ist letztverantwortlich im Justizsystem, bestellt die Führung des staatlichen Rundfunks. In der Verfassung der Islamischen Republik steht diese Position im Zentrum. Die Basis dafür ist die sogenannte Herrschaft des Obersten Rechtsgelehrten (*velayat-e faqih*). Es ist ein System, das nur im schiitischen Islam funktionieren kann, weil es eine Hierarchie des Klerus gibt, die auch politisch agiert.

Etwa achtzig bis neunzig Prozent der Muslime weltweit sind Sunniten, nur in wenigen Ländern – darunter der Iran, aber auch der Irak und Bahrain – stellen Schiiten die Mehrheit. Diese Spaltung entstand, weil sich nach dem Tod des Propheten Mohammed im Jahre 632 zwei Lager bildeten, als es um die Entscheidung über seinen Nachfolger ging. Die Mehrheit forderte, er solle von den führenden Religionsgelehrten gewählt werden. Sie werden die Sunniten (abgeleitet von *Sunna* für Brauch, Tradition) genannt und setzten sich durch. Eine kleine Gruppe beharrte darauf, dass der Nachfolger des Propheten Mohammeds aus dessen Familie stammte. Sie wollten, dass sein Schwiegersohn Ali ihm nachfolgte. Sie werden die »*Shiat Ali*« genannt, die Partei Alis, Wurzel des Namens *Schiiten*.

In weiterer Folge kristallisierten sich noch mehr Unterschiede heraus[177]: Heiligenverehrung und den Märtyrerkult gibt es nur im Schia-Islam. Besonders gravierend ist, dass Religion und Politik verschmelzen. Auch innerhalb der Schiiten gibt es verschiedene Glaubensrichtungen. Jene, die die Führung des Irans stellen, gehen davon aus, dass der zwölfte Imam, der Führer der Glaubensgemeinschaft, der *Mahdi*, verschwand, um am Ende der Zeiten wiederzukehren und sein Reich wiederherzustellen. In der Islamischen Republik gibt es einen Stellvertreter dieses *Mahdis*: Dies ist der Höchste Führer. Deshalb ist er faktisch allmächtig und sakrosankt.

Dieser Ansatz einer theokratischen Diktatur verschränkt sich aber mit scheinbar demokratischen Elementen.[178] Parlaments- und Präsidentenwahlen sind theoretisch frei, aber es ist der Höchste Führer, bei dem die Fäden zusammenlaufen. Wer kandidieren darf, legt der Wächterrat fest, dessen Mitglieder wiederum der Höchste Führer bestellt. Dieses mächtige Gremium muss außerdem jedes Gesetz absegnen und bestellt zweitausend Delegierte, die in allen Ministerien und in der Verwaltung mitentscheiden. Und sie legen fest, wer für den »Expertenrat« kandidieren darf, der den Höchsten Führer kürt, wenn der Amtsinhaber stirbt.

Viele Erfahrungswerte dafür, wie ein Machtwechsel an der Spitze abläuft, gibt es nicht. Erst einmal gab es in dieser Position einen Wechsel nach dem Tod Khomeinis. Seither hat sich viel verändert. Die Position verschmolz mit der Figur Khameneis. Wer die Islamische Republik verändern möchte, müsste ihn in die Schranken weisen, landet aber früher oder später in einer Sackgasse, und zwar exakt vor dessen Tür.

Dies gilt nicht nur im sprichwörtlichen, sondern auch im eigentlichen Sinn. »Khamenei hat das Büro des Höchsten Führers massiv ausgedehnt. Heute fungiert es quasi als Regierung in der Regierung«, sagt Ali Ansari, der an der Universität *St. Andrews* moderne iranische Geschichte lehrt. Geleitet wird es seit Jahrzehnten von Khameneis Sohn Mojtaba. Tausende Angestellte sind dort tätig. Hier laufen die entscheidenden politischen, aber auch wirtschaftlichen Fäden zusammen.

Vor allem geht es um die Verwaltung von Investitionen. Rechnet man sämtliche Beteiligungen von Khamenei und seinem Clan zusammen, dann ist davon auszugehen, dass hier sechzig Prozent der iranischen Volkswirtschaft kontrolliert werden. Mutmaßlich ist Khamenei wohlhabender, als es der Schah jemals war.[179] Vieles liegt dabei im Dunklen. Laut Recherchen der Nachrichtenagentur *Reuters* im Jahr 2013 verfügt das Büro Khameneis allein durch die Kontrolle eines einzigen Fonds über umgerechnet hundert Milliarden Euro.[180] Dies gibt eine Ahnung von den Dimensionen.

Koordiniert werden von Khameneis Angestellten die wohlhabenden religiösen Stiftungen, die einen beträchtlichen Teil der nationalen Wirtschaft verwalten. Diese

»Bonyads« sind den Schreinen zentraler Figuren des schiitischen Islams gewidmet. Zu den wichtigsten dieser Institutionen zählt jener Schrein des Imam Reza, eines Heiligen aus dem neunten Jahrhundert. Er befindet sich in der Stadt Maschhad und ist nicht zu übersehen, denn die Anlage ist größer als der Vatikan. Hierher pilgern jährlich zwölf Millionen Menschen, mehr als nach Mekka.

Mit Spiritualität haben diese weiträumigen, auf Hochglanz polierten Pilgerstätten nur oberflächlich etwas zu tun. Auch zum Teil mit ihrer eigentlichen zentralen Aufgabe. Wohltätigkeit und die Umverteilung des Vermögens, das nach der Revolution konfisziert worden ist und an ökonomisch schwache Gruppen verteilt werden sollte, war ein Grundgedanke bei ihrer Gründung.[181] Jedoch geht es inzwischen um knallharte Investitionen und Gewinnmaximierung.

»Es ist eine Ironie der Geschichte, dass just jener Mann, der als ungeeignet für die Nachfolge Khomeinis empfunden wurde, schlussendlich mehr Macht hat als sein Vorgänger.« Zu diesem Schluss kam der iranische Theologe Mehdi Khalaji bereits 2014.[182] Khomeini hat die Islamische Republik gegründet, aber Khamenei hat sie geprägt. Zugetraut hat ihm das kaum jemand. Als er im Juni 1989 diese Rolle übernahm, galt sie als einige Nummern zu groß für den damals fünfzigjährigen hageren, unscheinbaren Prediger. »Khamenei wird das Amt nur so lange verwalten, bis die Machtkämpfe der Kandidaten für die Führung geklärt sind«, wurde damals Massoud Rajavi, ein Führer der Opposition, in der New York Times zitiert.

Es war ein Irrtum. Khamenei war seit seiner Jugend ein Gefolgsmann Khomeinis, studierte bei ihm Theologie und schloss sich seiner Oppositionsbewegung an. Nach der Islamischen Revolution zählte er zur Fraktion der Hardliner und blieb es. Sein erster Job war, die Verantwortung für die Freitagsgebete in Teheran zu übernehmen. Er hielt sie 1980 erstmals mit einem Gewehr in der Hand und setzte dabei zu Hasstiraden gegen den »Satan Amerika« an. Bei der Besetzung der US-Botschaft im November 1979 hatte er eine Schlüsselrolle übernommen. 444 Tage wurden hier 52 Geiseln festgehalten. Khamenei war da schon Mitglied des Revolutionsrates und Vize-Verteidigungsminister, 1981 wurde er Präsident, 1985 wiedergewählt, und vier Jahre später erlangte er als Höchster Führer die absolute Macht.

Eigentlich hatte Khomeini den hochrangigen Prediger Hossein Ali Montazeri als Kronprinzen vorgesehen, doch dieser war plötzlich in Ungnade gefallen. Der Kleriker hatte es gewagt, die brutale Repression offen zu kritisieren. Anlass waren die Exekutionen von 5.000 Regime-Kritikern, die 1988 von Revolutionsgerichten in Schnellverfahren zum Tode verurteilt worden waren. Montazeri bezeichnete dies als »größtes Verbrechen der Geschichte der Islamischen Republik, für das uns die Nachwelt verdammen wird«.[183]

Khamenei hatte mit der verstärkten Repression und der Stärkung der Hardliner keine Probleme. Um seine Schwäche am Start zu kompensieren, servierte er potenzielle Rivalen zügig ab.[184] Nach nur zwei Jahren saß er bereits unbestritten im Sattel. Damit zementierte er die konservativen und autoritären Züge des neuen Systems ein, in dem anfangs noch verschiedene Machtblöcke um einen Richtungswechsel gerungen hatten. Er favorisierte ultrakonservative Kräfte und holte Generäle der Revolutionsgarden in die Politik.[185] Diese Miliz, nach 1979 etabliert, um die Führer des neuen Systems zu schützen, wurde zum Pfeiler seiner Macht.

Khameini ernannte Ebrahim Raisi, der als Teil des »Todeskomitees« Mitverantwortung an den Tausenden Todesurteilen 1988 trug, später auch zum Chef der iranischen Justiz. 2021 hievte er ihn ins Präsidentenamt, indem er keine Gegenkandidaten zuließ, die eine Chance gehabt hätten, gewählt zu werden. Dessen plötzlicher Tod torpedierte die Nachfolge, aber nicht das Kalkül dahinter. Khamenei plante lange, die nächste Stufe der Islamischen Revolution zu verwirklichen, eine neue Ära des Systems, in dem die Rolle von Wahlen, Präsident und Parlament ausgeblendet wird. 2019, anlässlich des vierzigsten Jahrestages der Islamischen Revolution, beschrieb er in einer Festrede seine Zukunftsvision, verkündete den Startschuss für diese »zweite Phase« hin zu dem seit 1979 angestrebten Ziel einer internationalen »islamischen Zivilisation«.[186]

Der Kampf gegen die »Einflüsse des Westens« müsse verstärkt werden und auch die politische Realität verändert: Einer neuen Generation von eisernen Verfechtern der Prinzipien des Systems solle die Bahn geebnet werden. Die Bevölkerung reagierte mit stummem Protest: Bei den Parlamentswahlen im März 2024 erreichte die Beteiligung einen Tiefpunkt, lag nur bei 41 Prozent, in Teheran sogar bei nur zehn Prozent.

Gewonnen haben konservative Hardliner und vor allem eine neue Strömung, die als »Super-Revolutionäre« bezeichnet wird. Ultrakonservative mit dem erklärten Ziel, das Land nach Khameneis Plan zu den »Ursprüngen der Gründungsphase der Islamischen Republik« zurückzuführen. Sie sind der reaktionäre Gegenentwurf zur modernen, aufbegehrenden Jugend.[187]

3.2 KOLLISIONSKURS MIT ISRAEL UND DEN USA

Das Regime des Irans wird vor allem von Greisen geprägt, die im Krisenjahr 2024 mit ihrer Macht prahlten, die auf marodierende Milizen beruht, die im Nahen Osten für entsetzliche Verbrechen an der Menschlichkeit verantwortlich sind. Das schlimmste anzunehmende Szenario trat ein, das 1979 für Panik sorgte.

Dass ein geostrategisch so wichtiger Staat wie der Iran nach einer Revolution damals in die Hände von radikalen Islamisten geraten war, löste einen gewaltigen Schock aus. Vor allem in den USA. Aus dem damals engen Verbündeten wurde eine »anti-imperialistische« islamistische Regionalmacht. Die neue Führung blieb zwar auch auf Distanz zur Sowjetunion, aber das war nur ein kleiner Trost.

Die Führungsclique der Islamischen Republik plante, die Supermacht der islamischen Welt zu werden, ohne jede Einflussnahme des Auslands. So wie die Führung der Arabischen Welt nach dem Zweiten Weltkrieg heftete sie sich aus PR-Gründen die »Rettung der Palästinenser« auf die Fahnen, um gegen das Symbol des Westens, den Staat Israel, in den Krieg zu ziehen. Allerdings zeichnete sich bereits 1979 ab, was 2024 sehr drastisch klar war: Genutzt haben diese Feldzüge den Palästinensern herzlich wenig. Und dies ist noch sachte formuliert.

Gerade sechs Tage, nachdem Khomeini im Februar 1979 die Macht übernommen hatte, empfing er als ersten internationalen Staatsgast den Chef der Palästinensischen Befreiungsorganisation Jassir Arafat. Er übergab ihm sofort den Schlüssel zur Botschaft Israels.[188] Langfristig waren es aber islamistische Gruppen wie die palästinensische Hamas und der Palästinensische Islamische Jihad, die Teheran als Partner auserkor.

Der Hass gegenüber Jüdinnen und Juden, gegen Israel, und die Entschlossenheit, das Land auszuradieren, prägten Jahrzehnte der iranischen Außenpolitik. Die Feindseligkeit schien grenzenlos. 2006 und 2016 zum Beispiel veranstaltete das Regime im Iran Wettbewerbe für Holocaust-Karikaturen.[189]

Dieser obsessive Konfrontationskurs dehnt sich auch auf die USA aus, den engsten Verbündeten Israels und auch des gestürzten Schah Reza Pahlavi. Der zur Schau getragene Konfrontationskurs sollte nach der Machtübernahme der Islamisten die Bevölkerung für den rigorosen Gottesstaat mobilisieren. Die Besetzung der amerikanischen Botschaft wurde zum Symbol dafür. Kaltblütig wurden die wehrlosen Diplomaten mit schwarzen Augenbinden vorgeführt. »Tod den USA!«, brüllte die Menge vor der besetzten Botschaft.[190]

Amerika die Stirn zu bieten, war der Versuch, die Brüche im politischen Spektrum des Irans zu kitten, alle hinter der neuen Ordnung zu einen. Aufnahmen frenetisch jubelnder Menschenmassen, als Ruhollah Khomeini auf dem Höhepunkt des Aufstandes im Februar 1979 aus dem

Exil in Frankreich nach Teheran zurückkehrte, prägen bis heute das Bild der damaligen Revolution. Doch der Aufstand gegen die Monarchie basierte auf einer gesellschaftlichen Allianz vieler politischer Strömungen, die ein gemeinsames Ziel verfolgten: das Ende der Repression des Monarchen.

Die Ära des Schah von Persien von 1953 bis zu dessen Sturz 1979 wird im Ausland mitunter verklärt und einzig als Phase der Modernität und hoher gesellschaftlicher Freiheitsgrade in Erinnerung gehalten. Fotos von Frauen, die sich im Iran der 1960er- und 1970er-Jahre im Bikini sonnen, in westlicher Kleidung am Alltagsleben teilnehmen, werden als Kontrastaufnahme zu den frauenverachtenden und mit brutaler Härte exekutierten Verschleierungsvorschriften in der Islamischen Republik gezeigt.

Die alten Aufnahmen und der Eindruck sind korrekt, aber es ist nur eine Perspektive dieser Ära. Der Schah hatte das Land in einer »Weißen Revolution« mit viel Druck gesellschaftlich modernisieren wollen. Sein Regime stützte er auf systematische Unterdrückung Andersdenkender. Jahrzehnte herrschte die panische Angst vor den Schergen des berüchtigten Geheimdienstes SAVAK. Die Opposition war in vielen politischen Schattierungen aktiv: Kommunisten und Islamisten begehrten gleichermaßen auf, zürnten »dem Westen«, der dieses System unterstützte.

Denn Schah Mohammad Reza Pahlavi, wie sein voller Titel lautet, verdankte den USA und Großbritannien seine Macht. Er folgte während des Zweiten Weltkrieges seinem Vater auf den Thron und war in der Nachkriegs-zeit mit wachsendem Widerstand gegen die Monarchie konfrontiert. 1951 wurde mit einer Mehrheit von neunzig Prozent der Jurist Mohammed Mossadegh zum Premier-minister gewählt. Er rüttelte kräftig an den Grundfesten der Herrschaft des Schahs und seiner Verbündeten im Ausland. Mossadegh plante eine Landreform und die Ver-staatlichung der anglo-iranischen Ölgesellschaft.

Dadurch wurde er über die Grenzen des Irans hinaus zur Galionsfigur eines selbstbewussten Auftritts gegen-über dem Westen und den mit ausländischen Staaten verbündeten Führungsfiguren. Er galt als Kultfigur und wurde vom amerikanischen *Time Magazine* zum »Mann des Jahres 1951« gekürt. Im Iran eskalierte der Macht-kampf zwischen dem Premierminister und dem Schah, der Monarch floh kurzfristig ins Ausland. Doch ein Coup gegen Mossadegh, eingefädelt von den Geheimdiensten der USA und Großbritanniens, beendete 1953 die Amts-zeit des charismatischen Premiers.[191] Reza Pahlavi wurde wieder als Schah eingesetzt und kontrollierte das Land, blieb ein treuer Verbündeter der USA.

»Mit dem Sturz des iranischen Premierministers wur-de ein positives Modell für die Zukunft der Staaten der ge-samten Region zerstört«, beschreibt Fawaz Geres, Profes-sor für Internationale Beziehungen an der *London School of Economics*, die enorme Tragweite[192] dieser Ereignisse. Den Putsch 1953 im Iran bezeichnet er als historische Zäsur mit jahrzehntelangen Folgewirkungen, als den größten Sündenfall der amerikanischen Nahostpolitik. »Der Coup ebnete den Weg für die Entstehung und die Ausbreitung extremistischer Strömungen, was schlussendlich dazu führte, dass die islamischen Kleriker 1979 an die Macht kommen konnten.«

Im Iran ist der Zorn über die von den USA übergestülpte Monarchie noch immer nicht verdaut.[193] Die Gleichung des Regimes lautet auch heute noch: »Die USA wird alles dafür tun, einen starken Iran zu verhindern.« Deshalb müsse man sich wehren. Solche Sprüche der Hardliner schaffen es heute allerdings nicht, die Bevölkerung für einen Krieg gegen Amerika und auch Israel zu begeistern. Schlussendlich sind es die 85 Millionen Iraner und Iranerinnen, die für die Außenpolitik der Islamischen Republik ihren Kopf hinhalten müssen. Ein Ende des Regimes fürchten aber trotz aller Repressionen viele. Sie haben Panik vor einem Bürgerkrieg. Das Beispiel Syriens kursiert als Horror-Szenario, wo auf den Aufstand gegen den Präsidenten ein totaler Zusammenbruch folgte.

Die Angst davor bremste – zumindest vorerst – neben dem brutalen Vorgehen der Sicherheitskräfte eine Rebellion. Doch die Entschlossenheit für einen Aufstand fehlt, denn auch das Szenario des Irak ist präsent, wo ein Regimewechsel, angezettelt durch die USA, das Land ruinierte.

ATOMWAFFEN ALS KRIEGSGRUND

Um Angriffe auf den Iran vorbeugend abzuschrecken, begann bereits das Regime des Schahs an einem Atomprogramm zu arbeiten, später nahm die Führung der Islamischen Republik die Arbeit daran wieder auf. Offiziell soll die Anreicherung von Uran nur zur Energie-Gewinnung in AKWs dienen. Doch schlussendlich könnte dieser Vorgang auch zur Erzeugung einer Atombombe genutzt werden. Für die Widersacher des Irans bedeutet dies Alarmstufe Rot.

»Ein Iran mit Atomwaffen wäre eine Katastrophe für Israel und die gesamte Menschheit. Wir müssen rasch handeln, denn es wird bald zu spät sein«, warnte Benjamin Netanyahu bereits im Jahr 1996.[194] Der Kampf gegen eine mögliche nukleare Aufrüstung prägte die Karriere des israelischen Langzeit-Regierungschefs seit den Anfängen. Dreißig Jahre nach dieser Drohung schien diese Eskalation nach dem Terrorangriff der Hamas einen guten Grund für den direkten Angriff von Israels Armee zu bieten, ohne als Aggressor gebrandmarkt zu werden.

Jahrelang versuchte Israels Führung mittels militärischer Nadelstiche gegen die Anlagen, Cyber-Attacken oder Mord an Nuklear-Wissenschaftlern, das iranische Nuklearprogramm zu stören, ohne einen Krieg auszulösen. Die Balance war heikel, doch offensichtlich ließ sich die Islamische Republik nicht zu einem Gegenangriff verleiten. Auch Israels Führung scheute einen offenen Konflikt. Auch aus taktischen Gründen. Die Anlagen sind bis zu 1.500 Kilometer von Israel entfernt, über den gesamten Iran verteilt und zu einem beträchtlichen Teil in hundert Meter tiefen Bunkern untergebracht. »Wir haben weder geeignete Jets noch ausreichend schlagkräftige Bomben, um eine solche Operation durchzuführen«, warnte im Mai 2024 Israels Ex-Premier Ehud Olmert.[195]

Inmitten der Krise angesichts einer drohenden ernsthaften Konfrontation mit dem Iran sorgte ein Bericht der Internationalen Atomenergiebehörde (IAEA) für viel Zündstoff. Von einer weiteren Beschleunigung des iranischen Nuklear-Programms war darin die Rede. Demnach dürfte das Regime in Teheran mit Stand August 2024 bereits 164 Kilogramm Uran produziert haben, das zu sechzig Prozent angereichert ist, also nur noch wenige Arbeitsschritte von der Neunzig-Prozent-Marke entfernt, ab der Uran als »waffenfähig« eingestuft wird.[196] »Die Menge würde für den Bau mehrerer Atombomben reichen«, warnt IAEA-Chef Rafael Grossi.

Es war ein klarer Bruch des 2015 in Wien vereinbarten Vertrages, des *Joint Comprehensive Plan of Action* (JCPOA): In diesem Abkommen hatte sich der Iran zur friedlichen Nutzung seiner nuklearen Anlagen verpflichtet. Uran sollte nur zu 3,67 Prozent angereichert werden: Dies braucht es, um Brennstäbe für AKWs herzustellen. Im Gegenzug sollten die Sanktionen gegen den Iran sukzessive aufgehoben werden. Doch US-Präsident Donald Trump torpedierte die Verhandlungslösung seines Vorgängers Barack Obama, kündigte den Vertrag 2018 einseitig und setzte auf »maximalen Druck« – die Wirtschaftssanktionen wurden wieder verhängt.

Der Iran reagierte postwendend und forcierte sein Atomprogramm, bereits im Laufe des Jahres 2023 wurden die Warnungen dazu immer lauter. »Es kann lediglich eine Woche dauern, bis die Iraner ausreichend Material für eine Bombe haben, für sechs brauchen sie einen Monat, für zwölf ein Jahr«, warnte einer der weltweit führenden Experten, der US-amerikanische Physiker David Albright, im Januar 2024.[197] Laut seinen Einschätzungen könnten iranische Fachleute innerhalb eines halben Jahres einen einfachen Sprengsatz bauen, bis zu einer Serienproduktion samt Bestückung von Raketen würde es allerdings deutlich länger dauern.

Gegen die Nutzung der Bombe sprach sich bislang Khamenei strikt aus. Eine solche Waffe sei unvereinbar mit dem Glaubensbekenntnis der Islamischen Republik, betont er. Doch dieses Dogma geriet 2024 ins Wanken. Sollte Israel weiterhin die iranischen Atomanlagen bedrohen, »werden wir unseren Kurs ändern und unsere Atompolitik überdenken«, betonte Ahmad Haghtalab, der Kommandant für nukleare Sicherheit der Revolutionsgarde, jener immer mächtigeren Kraft im Land, die unter anderem auch für das Atomprogramm verantwortlich ist.[198]

3.3 SCHLEICHENDER MILITÄR-PUTSCH

Sie ist auch ein Unikum der Islamischen Republik Iran: Die Revolutionsgarde, die unter anderem das Atomprogramm des Irans und die Rüstungsunternehmen kontrolliert, die Drohnen und Raketen produzieren. Es handelt sich dabei um ein Konglomerat von wirtschaftlicher Macht, Schmuggel-Banden, Terrorgruppen und Sondereinheiten. Während der Herrschaft des Höchsten Führers Khamenei hat sich diese kleine paramilitärische Einheit zu einer dominierenden Kraft im Land entwickelt. Eigentlich war es eine Miliz, die 1979 von Ruhollah Khomeini gegründet worden war, um vor einem möglichen Putsch der alten Sicherheitskräfte des Schahs geschützt zu sein. Doch die Wächter der Führer der Revolution sind über ihre Schutzbefohlenen hinausgewachsen. Sie kontrollieren Medienkonzerne, die Bauindustrie und Rüstungsunternehmen.[199]

Die Revolutionsgarde verfügt über einen eigenen Geheimdienst, Sicherheitskräfte, und sie versteht sich auch als Wache der Ideologie, kontrolliert die Revolutionsgerichte, in denen Verstöße gegen den Codex der Islamischen Republik von Schnellrichtern geahndet werden. Zentral ist aber ihre militärische Bedeutung. Sie ist mächtiger als die Armee selbst, verfügt über 190.000 Mann unter Waffen.[200] Daran angeschlossen ist ein Heer von einer Million Freiwilligen, die Basij-Milizen. Im Inneren des

Landes greift sie bei Protesten gegen das Mullah-Regime ein. Sie etabliert ein militärisches Parallel-System, verfügt neben der eigentlichen Armee des Irans über eine eigene Marine samt einer auf Raketen gestützten »Luftwaffe« und Bodentruppen. Verantwortlich ist die Revolutionsgarde nur einer Person gegenüber: dem Höchsten Führer.

Doch selbst diese Hierarchie scheint sich zu ändern. Bei der Entscheidung, 2024 Israel erstmals direkt anzugreifen, war es die Revolutionsgarde, die diese Operation forderte und durchführte. Es wurde als erstes greifbares Indiz für ihren Machtanspruch gewertet, den sie in der Ära nach Khamenei noch weiter ausbauen dürfte. »Im Iran hat sich über die Jahre ein schleichender Putsch der Revolutionsgarden vollzogen, es wird immer deutlicher, dass sich die Machtbalance zu ihren Gunsten verlagert hat«, sagt Reinhard Schulze, Nahost-Experte und emeritierter Professor der Universität Bern.

Die Metamorphose der Revolutionsgarde von Bodyguards der Kleriker zu einer Militärmacht reicht zurück in die Zeiten des Krieges zwischen dem Iran und dem Irak von 1980 bis 1988. Das iranische Regime war gerade ein Jahr an der Macht, als Iraks Präsident Saddam Hussein nach Zwistigkeiten über den Grenzverlauf im Süden den Befehl zum Angriff auf den Iran gab. Dabei wurde er von den USA, westeuropäischen Staaten und auch der Arabischen Welt unterstützt. Einzig das Regime der Assads in Syrien schlug sich auf Seiten des Irans. In diesem Krieg setzte das irakische Heer Giftgas gegen die zahlenmäßig haushoch überlegene iranische Armee ein. Niemand weiß, wie viele Menschen gestorben sind. Die Schätzungen rangieren zwischen einer und zwei Millionen, die meisten Opfer gab es auf Seiten des Irans.

»Es war ein verheerender Krieg für den Iran, der zu einer paranoiden Grundeinstellung führte. Das Gefühl der totalen Isolation legte den Grundstein für die Idee, ein Netz aus verbündeten Milizen zu schaffen, einen Schutzwall, um die eigene Existenz zu garantieren«, sagt Sanam Vakil, Nahost-Direktorin des Think-Tanks *Chatham House* in London.[201] Auch die Entwicklung des Atom-Programms mit dem Potenzial, es als Waffe zu nutzen, wurde nach den Erfahrungen in diesem Krieg forciert.

Der Krieg veränderte das Land gravierend. Die *Bazaaris*, die politisch immens bedeutende Schicht der Handelstreibenden, verbuchten verheerende wirtschaftliche Schäden in der Höhe von bis zu drei Billionen Euro.[202] Die militärische Elite der Armee war dezimiert, doch die Revolutionsgarde profitierte durch den Einsatz in diesem Krieg. Sie erlangten militärisches Training, bewährten sich auf den Schlachtfeldern. Kommandanten von damals schweißte die Erfahrung zusammen, sie bildeten Karriere-Seilschaften, die über Jahrzehnte hielten. Und sie begannen in der Nachkriegszeit nebenbei als Unternehmer aktiv zu werden. Ali Khamenei half, so gut er konnte. Schanzte ihren Bau-Unternehmen lukrative Aufträge beim Wiederaufbau zu. Der Grundstein des Macht-Imperiums der Revolutionsgarde wurde gelegt.

Eine wesentliche Säule ihres Einflusses ist die Auslandsabteilung. Sie wird »al-Quds«-Brigade genannt, nach dem arabischen Namen von Jerusalem. Diese Gruppe steuert weltweit Geheimdienstoperationen und ist für Mordkomplotte verantwortlich. Zu ihr führt die Spur zahlreicher internationaler Terrorattentate, die von ihren Mitgliedern oder von »befreundeten« Milizen wie der Hisbollah verübt wurden. In den USA ist die Auslandseinheit als Terrorgruppe kategorisiert, sie wird für das Sponsern anderer Terrorvereinigungen im gesamten Nahen Osten, aber vor allem für die Angriffe gegen die US-Armee im Irak verantwortlich gemacht.[203]

Ihr internationales Netzwerk hat viele Funktionen. Es ist die Schnittstelle zu illegalen Geschäften: vom Schmuggel bis zu Drogen- und Waffenhandel sowie Geldwäsche. Je enger das Sanktionen-Korsett den Iran einschnürt, desto zentraler wird die Rolle der Revolutionsgarde, die eng mit der iranischen Schattenwirtschaft verflochten ist. Da die Garde alle Grenzen kontrolliert, ist sie hier kaum in Schach zu halten. So floriert ihr Schwarzmarkt mit illegal eingeführten Konsumgütern, die im isolierten Iran begehrte Mangelware darstellen. Die Revolutionsgarde sei durch den Schmuggel, den die Sanktionen erst lukrativ machten, ungemein bereichert worden, sagt Mohsen Sazegara, ein ins Exil geflüchtetes Gründungsmitglied der Revolutionsgarde[204]: »Was als Volksarmee gedacht war, wurde zu einem Monster.«

Zentrale Aufgabe der »al-Quds«-Einheiten ist die Koordination der *Achse des Widerstands*, ihr Training und die Ausrüstung. Bis zu 700 Millionen Euro pro Jahr investiert das Regime in Teheran in seine Außenposten.[205]

Zwanzig Milizen in einem Dutzend Ländern gehören dazu: Die Hamas, die Hisbollah im Libanon, schiitische Milizen, die in Syrien auf Seiten des Präsidenten Bashar al-Assad kämpfen, schiitische Terrorarmeen im Irak und die Huthi-Miliz im Jemen sind die zentralen Einheiten unter der Kontrolle des Irans.[206]

Ein »Ring des Feuers« um Israel ist entstanden, dazu kontrollieren diese Milizen auch Teile ihrer Heimatländer. Zwischen Teheran und Beirut entstand auf dem Terrain, das die Verbündeten halten, eine Landbrücke, auf der Schmuggelwaren an den Wirtschaftssanktionen vorbeigeschifft werden und Waffenlieferungen freie Bahn haben.[207] Dies könnte erst der Anfang sein: Ein persisches Imperium, ein pro-iranischer Superstaat, formiere sich gerade, warnte die libanesische Journalistin Baria Alamuddin.[208]

WIE EIN GENERAL EIN TERRORHEER ERFAND

Der Architekt dieser Allianz war General Qasem Soleimani, der den Iran neben Ali Khamenei massiv prägte. 1998 übernahm er das Kommando der »al-Quds-Einheiten« und begann die *Achse des Widerstands* aufzubauen.[209] Er hatte sich bereits als Zwanzigjähriger 1979 der Revolutionsgarde angeschlossen, danach an vorderster Front im Iran-Irak-Krieg gekämpft. Sein Hass gegen die USA, die in diesem Konflikt Saddam Husseins Irak unterstützten, prägte ihn, und dies prägte wiederum den Iran.

Ab 2003 orchestrierte General Qasem Soleimani den schiitischen Terror gegen die US-Truppen im Irak, die das Land nach ihrer Invasion besetzten. Ihm wird die Verantwortung am Tod von Hunderten amerikanischen Soldaten zugeschrieben. Mehr als ein Jahrzehnt später, als die Terrormiliz *Islamischer Staat* ein Drittel des Iraks erobern konnte, eilte Soleimani 2014 wieder nach Bagdad und baute paramilitärische schiitische Einheiten auf, um den IS zu bekämpfen. Im Bürgerkrieg Syriens rekrutierte er aus der gesamten Region des Irans treue Kämpfer, die auf Seiten des Präsidenten Bashar al-Assad kämpften. Er rettete den Irak und Syrien, aber der Preis war hoch: »Seine« Milizen übernahmen das Ruder, wurden zu Statthaltern des Irans.

Soleimani, der perfekt Arabisch sprach, band in seine Allianz auch sunnitische Extremisten ein, wie die Hamas und den Palästinensischen Islamischen Jihad. Der Spagat gelang, weil der gemeinsame Zweck, Israel anzugreifen, alle Mittel heiligte. Höchstpersönlich hat Soleimani Hamas-Militärchef Mohammed Deif bei der Errichtung des Tunnelsystems beraten und für eine großzügige Apanage aus Teheran gesorgt, um diese Bunker und eine Raketenproduktionsstätte zu finanzieren.[210]

Sein Ego wuchs mit dem Netzwerk, das er kommandierte. Selfies von ihm mit irantreuen Kämpfern an der Front von Damaskus bis Mosul kursierten. Mit einem Palästinensertuch über seine Uniform drapiert, inszenierte er sich als Milizen-Chef und eiskalter Terrorboss mit Zug zur Macht. »Ich sage Ihnen, Herr Präsident, wir sind viel näher an Ihnen dran, als Sie glauben. Sie beginnen den Krieg, aber wir beenden ihn. Und dieser Krieg wird alles zerstören, was Sie besitzen«, drohte er im Juli 2018, als Trump seine Politik des maximalen Drucks auf den Iran ankündigte.

Dem damals 62-jährigen Soleimani traute der Iran viel zu, er war der erste breit bekannte General der Garde, der Griff zur politischen Macht der Revolutionsgardisten hatte mit ihm begonnen. Auch die USA brachte er ins Schwitzen. »Könntet ihr nicht endlich ein Foto von Soleimani finden, auf dem er nicht aussieht wie George Clooney?«, soll ein hochrangiges Mitglied des Führungsteams um Präsident Barack Obama entnervt von dessen Stab verlangt haben, berichtet Kenneth McKenzie, ehemaliger Chef der US-Streitkräfte.[212]

In dieser Rolle führte er auf Befehl von Präsident Trump einen hochriskanten Raketenangriff aus: Auf das Auto, mit dem Soleimani in der Nacht vom 2. auf den 3. Januar 2020 den Flughafen von Bagdad verlassen wollte. Soleimanis Tod stoppte die aggressive Großmachtpolitik des Irans allerdings nicht, sondern machte sie sogar noch riskanter. Der damals 65-jährige Esmail Qa'ani übernahm die al-Quds-Brigaden. Ihm fehlt das Charisma des Vorgängers, er spricht kein Arabisch, was eine Hürde ist, denn es ist *die Sprache der Verbündeten*. Dies verstärkte allerdings die interne Kooperation des Netzwerkes, und das Konzept einer »gemeinsamen Front« entstand.

SO WURDE DER HAMAS-TERROR GEPLANT

Wozu diese vom Iran gesteuerte Allianz fähig ist, zeigte sich am 7. Oktober 2023 und während der Konflikte, die in der Zeit danach eskalierten. Im August 2022 lud Hussein Salami, der Kommandant der Revolutionsgarde, Vertreter sämtlicher loyaler Milizen und Terrorgruppen nach Teheran ein. Es wurde beraten, wie Israel empfindlich getroffen werden könne. Man bräuchte Bodenoffensiven der libanesischen Hisbollah und der palästinensischen Hamas gegen Israels Bevölkerung, sagte Salami. »Solche Operationen verbreiten Chaos, destabilisieren das Land.«[213]

Teilnehmer des Treffens haben dies später anonym ausgeplaudert. Auch von einer Videokonferenz im März 2023 mit denselben Teilnehmern sickerten Details durch. Damals ging es bereits darum, alle Anwesenden auf einen Krieg mit Israel, der als Reaktion auf diese Bodenoffensive ausbrechen würde, konkret vorzubereiten.[214] Danach erhöhte sich die Frequenz der Treffen. Iranische Spitzenpolitiker und Revolutionsgardisten tauchten im Spätsommer 2023 mehrmals in Beirut, der Hauptstadt des Libanons, auf, zeigten sich immer häufiger mit Vertretern der palästinensischen Extremistengruppen.[215] Bei einer Konferenz der *Islamischen Einheit*, die in den ersten Oktobertagen in Teheran stattfand, schwor Khamenei die dort versammelten Milizen-Bosse auf die Stoßrichtung ein. »Die palästinensische Frage ist essenziell für unseren Kampf«, betonte er in seiner Rede.

Wie bereits erwähnt, legte die Hamas-Führung in Gaza vermutlich auf eigene Faust los, dürfte ihre Verbündeten sogar überrascht haben. Denn deren Schützenhilfe erfolgte anfangs nur zögerlich, aber ein halbes Jahr später war die gesamte *Achse des Widerstands* aktiviert. Es war eine Premiere der gemeinsamen Front, die allerdings auch für Teheran immer schwerer zu kontrollieren war.

Aus Trabanten, die um die Islamische Republik kreisten, war ein Bündnis geworden, das sich selbst steuern konnte. Beim Angriff auf Stellungen Israels im Golan und bei einer Attacke auf die Stadt Haifa kooperierte die jemenitische Huthi-Miliz mit der irakischen Miliz Kata'ib Hezbollah, ohne dass die Revolutionsgarde eingriff. »Wenn Krieg gegen die libanesische Hisbollah ausbricht, werden wir unsere Leute hinschicken und Seite an Seite kämpfen«, verkündete im Juni 2024 ein Sprecher von Iraks Schiiten-Milizen.[216] Zu diesem Zeitpunkt war nicht mehr klar, ob ein Kommando aus Teheran die Terrorarmeen in ihrem Feldzug noch würde stoppen können. Die Geister, die Soleimani rief, schienen außer Kontrolle zu geraten.

MIT BILLIG-DROHNEN UND SOCIAL MEDIA WIRD KRIEG GEFÜHRT

Die iranische *Achse des Widerstands* kämpft mit allen Mitteln, auch auf den Kriegsschauplätzen des 21. Jahrhunderts. Dabei wurde die Schlacht um die Hoheit in den sozialen Medien von den digitalen Strategen der Revolutionsgarde zu einer der Prioritäten erklärt.[217] Kameras wurden dabei zu Waffen. Es ging um Reichweite, um Aufnahmen, die in der digitalen Welt ein Bild von Stärke und Unbezwingbarkeit vermitteln sollten.

Auch dies illustriert der 7. Oktober 2023 mit erschütternder Professionalität. Hamas-Terroristen filmten ihre horrenden Morde an Israels Zivilbevölkerung und übertrugen sie in Echtzeit in die Welt. Schamlos missbrauchten sie die Videos der Gräueltaten für ihre Propaganda. Um 7.14 Uhr am 7. Oktober 2023 begann die Live-Übertragung des bewaffneten Hamas-Flügels der Qassam-Brigaden, sie zeigten den Durchbruch am Grenzzaun, im Zehn-Minuten-Takt folgten weitere *Berichte*, um 9.50 Uhr die ersten grauenhaften Aufnahmen der Morde. Benutzt wurden dafür die Kanäle des Messengers Telegram. Die Zahl jener, die ihnen hierbei folgten, stieg innerhalb von einigen Stunden um das Doppelte auf 350.000 an, ein Wert, der sich am nächsten Tag erneut verdoppelte.[218]

Auch die danach folgende Offensive der Milizen wurde zum Medien-Spektakel hochstilisiert. Von Beirut bis zum Roten Meer inszenierten sich die Terrorarmeen als »Widerstandsgruppen« mit Aufnahmen, die Millionen verbreiteten.

Der Know-how-Transfer aus dem Iran verbesserte in allen Bereichen die Schlagkraft der Terrorarmeen. Neben der digitalen PR ging es vor allem um moderne, aber auch günstige Aufrüstung. Von spottbilligen Kamikaze-Drohnen bis zu präzisionsgelenkten Raketen reichte das Arsenal. Oft wurden nicht die fertigen Rüstungen geliefert, sondern Bestandteile und Pläne. Dies hat viel mit Logistik zu tun. So wurde es möglich, über das Tunnel-System der Hamas hin zur Grenze Gazas mit Ägypten einzelne Bestandteile von Raketen zu schmuggeln.[219] Einfach zum Zusammenbauen und geliefert wie Ikea-Bausätze, waren sie jahrelang die Basis für die Angriffswellen, mit denen die Hamas Israels Grenzgebiet terrorisieren konnte. Die Revolutionsgarde versorgt ihre Verbündeten nicht nur mit Hardware, sondern trainiert auch Fachleute im Umgang mit Raketen, aber auch in der Produktionstechnologie. Dazu nutzen sie Stellungen befreundeter Gruppen im Irak, wo in Seminaren Kämpfer aus der gesamten Region geschult werden.[220] Mit viel Erfolg. Im Juni 2024 wurde die präzisionsgesteuerte Rakete vom Typ »Palestine« von der Führung der jemenitischen Huthi-Miliz präsentiert, als »eigenes Werk«, aber eindeutig ein Nachbau eines iranischen Modells.

So entstand ein Bündnis nicht-staatlicher Milizen und Terrorarmeen im ganzen Nahen Osten, die einerseits auf Geheiß des Irans aktiv wurden, andererseits aber auch ihre eigene Strategie planten. Außerhalb des internationalen Rechts verübten sie brutale Angriffe. Ihr Nährboden waren die zerbrechenden Staaten des Nahen Ostens.

4

RISIKO ZERBRECHENDE STAATEN

Wie der Jemen, der Libanon, Syrien
und der Irak zu Hochburgen von Milizen
und Terrorarmeen wurden

»Unsere Augen sind immer offen, um jedes israelische Schiff vor unserer Küste zu entdecken«, kündigte Abdul-Malik al-Huthi, Boss der nach seinem Clan benannten Miliz, Mitte November 2023 an. Die Gruppe kontrolliert einen Teil des Jemens und wird seit 2015 von Irans Revolutionsgarde hochgerüstet. Es war aber eine Überraschung, dass ausgerechnet die Huthis in den ersten Tagen des Krieges Israels gegen die Hamas als die Speerspitze der *Achse des Widerstands* auftraten, um einen ihrer Verbündeten zu unterstützen. Mit Langstrecken-Marschflugkörpern versuchten sie wenige Tage nach dem Attentat der Hamas, Israels Süden zu treffen. Sie wurden abgefangen, doch die Huthis setzten bald auf eine andere Strategie und nahmen Frachter ins Visier, deren Routen an dem Küstenstreifen des Roten Meeres vorbeiführen, den sie kontrollieren.

Wenige Tage nach der Drohung des Milizen-Chefs wurde der Frachter *Galaxy Leader* kaltblütig überfallen, dessen Eigentümer die *Ray Car Carriers* ist.[221] Den Piraten-Akt filmte das Medien-Team der Miliz. Dabei ist zu sehen, wie ein Helikopter auf dem Frachter landet, die Brücke handstreichartig übernommen wird, ein Kämpfer beim Rundgang samt MP am Anschlag »*Allahu Akbar*« – »Gott ist groß« – ruft.

Danach wurde der gekaperte Frachter, der vor der Hafenstadt Hodeidah lag, in eine Touristenattraktion verwandelt. Knapp zwei Euro kostete ein Shuttle. Besucher posierten für Selfies auf dem Frachter, es wurde Swat gekaut, Shisha geraucht, getanzt und gesungen. »Es kursieren sogar Gerüchte, dass es bald möglich sein wird, hier eine Hochzeit zu feiern«, berichtete damals der Kommunikationsberater Mohammed al-Basha.[222] Auf der *Galaxy Leader* wurde auch ein Video für ein Kampf-Lied der jemenitischen Huthi-Miliz gedreht. Der Titel ist vielsagend: »Die Achse des Jihads.« In dem Film kommen die zentralen Figuren der iranischen Revolutionsgarde vor: etwa Qasem Soleimani, Ex-Boss ihrer Auslandsabteilung. Er war zwar bereits seit drei Jahren tot, doch sein Geist lebte hier sehr offensichtlich weiter.

Es ist ein hochsensibler Punkt, den die Miliz ins Visier nahm: Bab al-Mandab, auf Deutsch das »Tor der Tränen«. Die Meeresstraße zwischen dem Jemen und Dschibuti ist nur 27 Kilometer breit. Sie verbindet den Suez-Kanal mit dem Roten Meer und mit dem Golf von Aden. Eskaliert hier ein Konflikt, sind die Folgen gravierend. Immerhin führt vor allem der Transport von Flüssiggas aus dem persischen Golf derzeit über diese Route. Ab dem Spätherbst griffen sie über Monate so gut wie täglich internationale Frachter an. Bis Juni 2024 wurden 77 schwer getroffen.[223] Ihre Sprecher kündigten an, die Angriffe so lange fortzusetzen, »bis der Krieg in Gaza gegen die Hamas endet«.

Ohne das Tor der Tränen zu nutzen, muss ein wochenlanger und teurer Umweg über das Kap der Guten Hoffnung genommen werden. Die Attacken der Huthis gegen Frachtschiffe reduzierten im Dezember 2023 den Verkehr um neunzig Prozent.[224] Zirka ein Fünftel des globalen Seehandels führt durch dieses Nadelöhr. Die Angriffe der Huthis stiegen bis zum Jahresende 2023 im Schnitt auf bis zu 2,5 pro Woche. Ins Visier wurden alle Frachter genommen. Ab Januar 2024 starteten die USA und Großbritannien die Operation *Poseidon Archer*, um die Huthis zu stoppen. Doch ihre Attacken intensivierten sich, wurden immer gefährlicher. Sie griffen mit Raketen und Drohnen an. Ein Jahr nach Beginn der Krise erwies sich die internationale Abwehr als nutzlos, die internationale Militäroperation als gescheitert.[225]

Die Gefahr durch die Huthi-Miliz hatten israelische Fachleute bereits lange auf dem Radar. Ein 2021 erschienener Untersuchungsbericht des *Instituts für Nationale Sicherheitsstudien* warnte davor, dass sie Israels Handelsrouten unter Druck setzen könnten. »Für Israel wird das Rote Meer immer entscheidender«, betont Shaul Chorev, einst Admiral, dann Professor für internationale Beziehungen an der Universität Haifa.[226] »Man darf solche Fälle nicht einfach als Piraterie abtun, sondern sie sind ein Teil des iranischen Netzes, das sich gegen Israel richtet.«

Zum Zeitpunkt des Angriffs der Hamas auf Israel kontrollieren sie die Hauptstadt Sana'a, den Nordwesten des Landes, die dicht besiedelte Küstenregion entlang des Roten Meeres, wo siebzig Prozent der Bevölkerung leben. Die Huthis haben laut eigenen Angaben bis zu 130.000 Mann unter Waffen, darunter auch Kindersoldaten. Ihre Armee ist stark ideologisiert, neue Rekruten erfahren durch die »Abteilung für Spirituelle Führung« eine regelrechte Gehirnwäsche.[227]

Sich selbst nennt die Extremistengruppe »Ansar Allah«, die Helfer Gottes. Der gängige Name der Gruppierung, die in den 1980er-Jahren entstanden ist, leitet sich von ihrem Gründer her, Hussein Badr al-Din al-Huthi. Nach dessen Tod übernahm sein Bruder Abdul-Malik al-Huthi die Bewegung. Sie erhebt den Anspruch, die Mitglieder der schiitischen Strömung der Zaiditen anzuführen, zu der sich ein Drittel der 32 Millionen Menschen im Jemen zählt. In einem jahrelangen Bürgerkrieg bekämpften sie das Regime von Langzeitpräsident Ali Abdullah Salih, der von 1990 bis 2012 den Jemen regierte. Nach dessen Sturz, ausgelöst von Protesten und inspiriert vom Arabischen Frühling, übernahmen sie in einem regelrechten Blitzkrieg einen Teil des Landes und intensivierten danach ihr Bündnis mit dem Iran.

Salihs Nachfolger, Abed Rabbo Mansur Hadi, floh 2015 ins Exil nach Saudi-Arabien. In diesem Jahr begannen seine Gastgeber mit den Vereinigten Arabischen Emiraten eine Allianz zu formieren, um gegen die Huthis militärisch im Jemen vorzugehen. Ein Bürgerkrieg in dem Land war die Folge, in dem die Huthis massiv vom Iran unterstützt wurden. Dieser Konflikt in einem der ärmsten Länder der Welt führte zu einer der schwersten humanitären Krisen der vergangenen Jahre.

Und es verschärfte den seit Jahrzehnten schwelenden Konflikt um die Führungsrolle im Nahen Osten zwischen Saudi-Arabien und dem Iran. Als es den Huthis 2019 gelang, die Öl-Anlagen in Abqaiq und Khurais in Saudi-Arabien zu treffen, war klar, dass der verlängerte Arm des Irans am Roten Meer seine Kapazitäten gefährlich erweiterte.

Dazu auch Israel direkt anzugreifen, sei aber nicht nur ein Auftragsdienst für den Iran, sondern schon lange ein

Ziel der Huthis gewesen, betont Farea al-Muslimi, Jemen-Experte des *Chatham Instituts* in London. »Es ist Teil ihrer Ideologie. Sie kämpfen um zu beweisen, dass sie ein ernstzunehmender Machtfaktor sind. Angriffe durch die USA empfinden sie als Aufwertung. Es verleiht ihnen das Gefühl, ein internationaler Akteur zu sein.« In öffentlichen Auftritten erklären sie die Zerstörung Israels zu ihrer zentralen Mission. Die Angriffe auf Israel und die Gegenschläge, die sie kassieren, nutzen die Huthis für eine regelrechte Propaganda-Schlacht, die sie auch mit exzentrischen Methoden führen. Mit Gewalt versuchen sie, betont al-Muslimi, ein radikal-islamistisches System durchzusetzen, verfolgen internationale Hilfsorganisationen als Spione, brüsten sich damit, Teil der iranischen Achse zu sein, und haben die Flagge der libanesischen Hisbollah übernommen.

HISBOLLAH-ISIERUNG: DIE POLITISCHE MACHT DER MILIZEN

Die gelbe Flagge mit grünen Maschinengewehren ist weit über die Grenzen des Libanons hinaus gegenwärtig, ein sichtbarer Beweis ihres wachsenden Einflusses, den sie als Modell für die Herrschaft islamistischer Milizen einnimmt. Als »Hisbollah des Südens« werden die jemenitischen Huthis mittlerweile charakterisiert. Dies illustriert, dass es sich bei dem vom Iran hochgezogenen Netzwerk auch um eine politische Allianz handelt, nicht bloß um eine lose Zweckgemeinschaft radikaler Kämpfer und Terroristen.

Es gelang dem Regime in Teheran, eine Verteidigungslinie um die Islamische Republik zu ziehen, willige Kämpfer die eigenen Kriege austragen zu lassen. Doch passiert ist deutlich mehr. Teile des Nahen Ostens sind über diese Bündnis-Partner faktisch unter die Kontrolle des Irans geraten, konkret der Libanon, der Irak, Syrien und der Jemen. Die Führung des Irans nutzte Kriege und Konflikte dafür aus, ihre Verbündeten in diese morschen Staaten einzunisten. Mit gravierenden Folgen. Von den 400 Millionen Menschen im Nahen Osten lebt ein Viertel in einem Gebiet, das von nicht-staatlichen Akteuren kontrolliert wird.[228] Die meisten sind unter der Kuratel des Irans zur dominierenden Kraft in ihren Herkunftsländern geworden.

Der am stärksten bewaffnete und schlagkräftigste nicht-staatliche Akteur der Welt ist der wichtigste und erste »Ableger« der Islamischen Republik, die libanesische Hisbollah. Sie wurde als erste Verteidigungslinie des Irans aufgerüstet. Für den Fall eines Angriffs auf die Atomanlagen der Iranischen Republik sollten die Raketen auf dem libanesischen Terrain eine solche Attacke erschweren. Dies erklärt auch die enorme Bewaffnung. Die Hisbollah verfügte mit Stand 2024 über ein Arsenal von bis zu 150.000 teils präzise steuerbaren Raketen und Kampfdrohnen.[229]

Die 50.000 Kämpfer der Terrorarmee haben in Syriens Bürgerkrieg ab 2011 Seite an Seite mit der russischen Armee gekämpft und waren hoch trainiert. Dicht an der Grenze zu Israel wurde die Elite-Einheit *Radwan* stationiert, trainiert auf Operationen hinter feindlichen Linien.

Auf einen Konflikt mit Israel haben sie sich aber auch vorbereitet, indem sie mithilfe der Expertise aus Nordkorea ein weiträumiges Tunnelsystem im Süden des Libanons errichtet haben.[230]

Auf Deutsch lautet ihr Name »Partei Gottes«. Die Gruppe entstand 1982 während des libanesischen Bürgerkrieges, der von 1975 bis 1990 dauerte. Zu dem Zeitpunkt, als Israel in den Konflikt eingriff, formierte sich die Extremistengruppe. Ursache des Konfliktes war die Eskalation gleich mehrerer lange schwelender Spannungen zwischen den Bevölkerungsgruppen, aber ausgelöst wurde der Krieg durch Konflikte mit palästinensischen Kämpfern. Sie nutzten den Libanon für Angriffe auf Israel, in den nach 1948 über 100.000 Palästinenser und Palästinenserinnen geflohen waren.

Anfang der 1980er-Jahre griff Israels Armee ein, um die Angriffe zu stoppen, und startete eine militärische Offensive, bei der sie bis nach Beirut vorrückte. Zwei Monate lang wurde die Hauptstadt belagert; die Kämpfe kosteten 17.000 Menschen das Leben. Eines der schlimmsten Massaker des Krieges, der Angriff der mit Israel verbündeten Phalange-Miliz auf das palästinensische Flüchtlingslager Sabra und das angrenzende Beiruter Viertel Schatila kostete bis zu 3.500 Menschen das Leben.[231]

Die Invasion endete in einem strategischen Desaster für Israel, das den Süden des Libanons besetzt hielt, ohne die Sicherheit relevant zu verbessern. Es war der erste verlorene Krieg. Jassir Arafat, der Führer der PLO, zog zwar mit seinen Kämpfern ab, weiter nach Tunis[232], doch die

Bedrohung ging nahtlos in jene durch die Hisbollah über, in deren Gründungsmanifest der Kampf gegen Israel verankert ist.

Die Miliz führte einen beharrlichen Guerillakrieg gegen die Besetzung. Im Jahr 2000 beschloss Israels Regierung entnervt den Rückzug. »Die Befreiung des Südens des Libanons ist nur die erste Etappe«, verkündete damals Hisbollah-Boss Hassan Nasrallah vor einer jubelnden Menge in der südlibanesischen Stadt Bint Jbeil. Das nächste Ziel sei es nun, die palästinensischen Kämpfer dabei zu unterstützen, Jerusalem zu befreien, kündigte er an: »Israel mag Atomwaffen haben, eine der schlagkräftigsten Luftstreitkräfte, aber es ist zerbrechlicher als ein Spinnennetz.« Dieser Auftritt des damals 39-jährigen Predigers in schwarzem Turban und brauner Robe zählt zu den wichtigsten seines Lebens. 1992 hat er die Hisbollah als »Generalsekretär« übernommen, blieb es jahrzehntelang und so eine der mächtigsten Figuren des Nahen Ostens.[233]

Die Hisbollah ist nicht nur eine von mehreren Verbündeten des Irans; sie ist ein eigenständiger Machtfaktor. Dies liegt vor allem an der besonderen Position ihres Chefs. Ab der Stunde Null hatte Nasrallah die *Achse des Widerstands* mitkreiert, fungierte als zentraler Brückenkopf zu den arabisch-schiitischen Verbündeten.[234] Seine Sonderstellung wurde nach dem Tod von General Soleimani deutlich gestärkt. Nasrallah trat danach als Statthalter von iranischen Interessen im Irak auf, wo er inner-schiitische Konflikte schlichtete. Im Jemen trainierte die Hisbollah die Huthi-Miliz.

Zentral war auch die Rolle der Hisbollah für die palästinensischen Verbündeten der Islamischen Republik. Die Gruppe bot Vertretern der Hamas und des »Palästinensischen Islamischen Jihads« in Beirut einen sicheren Hafen. Nasrallah half, den hochproblematischen Konflikt zu schlichten, als die sich in Syriens Bürgerkrieg auf Seiten der Opposition gestellt hatten. Die iranische Führung, die damals quasi als Schutzmacht des syrischen Präsidenten auftrat, war massiv verärgert.[235] Der Hisbollah-Chef vermittelte eine Aussöhnung. Dieser Teil der Achse wurde ab 2022 wieder stabilisiert, die palästinensischen Gruppen wurden sozusagen wieder »Vollmitglieder«.

Zufall war das alles nicht. Nasrallah hatte in den Jahren zuvor eine neue Strategie einer gemeinsamen Front aller irantreuen Gruppen entwickelt, die auf einem »Beistandspakt« aller Milizen beruhte. Der Gaza-Krieg wurde zum ersten Praxistest und sein Büro in Beirut zum Knotenpunkt für Entscheidungen.[236] Seine erste Rede nach dem Hamas-Terrorangriff wurde live auf dem Tahrir-Platz im Zentrum Bagdads übertragen. Auf seine Reaktion wartete die Welt mit Spannung.

Diese Führungsrolle der libanesischen Miliz bedingte eine »Hisbollah-isierung« innerhalb der *Achse des Widerstands*[237], manche Terrorgruppen dieser Allianz wie die irakische Kata'ib Hezbollah und zahlreiche syrische Milizen haben auch den Namen angenommen. In diesem Modell verbinden sich Terrorismus und der Auftritt als paramilitärische Miliz mit jenem als Wohlfahrtsorganisation, als politische Partei und Drogenkartell. Das System basiert auf einer straff geführten Mitgliederstruktur, getragen von der radikalen Idee einer »Widerstandsgesellschaft«: samt Jugendgruppen, Frauenkomitees und karitativer Arbeit.[238]

Es ist ein einzigartiger Hybrid, der die Basis eines transnationalen Netzwerkes wurde, denn so verbindet sich militärische Macht mit der Kontrolle von Gebieten und Bevölkerung. Diese Strukturen weist die Hamas auf, sowie zum Teil Iraks schiitische Gruppen. Auch die jemenitische Huthi-Miliz agiert so, positioniert sich als »Schutzmacht« der Schiiten im Land, setzt auf ideologische Indoktrinierung und Militarisierung der Gesellschaft.[239]

4.1 LIBANON IN DER GEISELHAFT DER HISBOLLAH

Das System der Hisbollah erklärt sich aus ihrer Entstehungsgeschichte, die auf dem Anspruch basiert, als Extremistenmiliz Seite an Seite mit dem Iran gegen Israel zu kämpfen und gleichzeitig die Führung der Schiiten im Libanon zu übernehmen. In dem Land war diese Bevölkerungsgruppe nach der Unabhängigkeit von Frankreich im Jahr 1943 an den Rand gedrängt worden, profitierte kaum von den Goldenen Jahren vor dem Bürgerkrieg.

In dem winzigen Libanon mit 5,5 Millionen Einwohnern gibt es 18 Konfessionen, die drei Blöcke formen: Christen, Sunniten und Schiiten. Wie viele zu welcher Gruppe gehören, wagt niemand zu überprüfen, die letzte Volkszählung datiert aus dem Jahr 1932. Die Macht im Land ist in einem Proporzsystem verteilt, basierend auf der Annahme, dass jede Gruppe ein Drittel der Bevölkerung stellt. Jeder Konfession ist ein fixer Anteil von Abgeordneten im Parlament zugeteilt, der Präsident ist Christ, der Premierminister Sunnit und der Parlamentssprecher Schiit.

Im Bürgerkrieg kollabierte diese Ordnung, Milizen dieser Gruppen bekämpften sich gnadenlos; mitunter auch Teile der Blöcke untereinander. 150.000 Menschen starben in dem Krieg, der 16 Jahre andauerte, Millionen wanderten aus. 1990 wurde der Konflikt wenigstens formal beigelegt. Syrien, das Teile des Landes im Bürgerkrieg quasi besetzt hielt, wurde zur Schutzmacht, kontrollierte bis 2005 faktisch die Politik. Dies verhinderte eine Normalisierung in der Nachkriegszeit. Die Fronten des Bürgerkrieges haben sich unverdaut in eine »Mafiokratie« übersetzt. Aus den Milizen-Chefs wurden Milliardäre, die sich und ihren Clans die Gewinn-Margen des Wiederaufbaus zuschanzten und Minister-Jobs als Freibrief zur Selbstbedienung verstanden.

Die Hisbollah wurde in diesem politischen Biotop zur stärksten Kraft in dem Land. Politisch und militärisch. Aufgrund ihres »Kampfes gegen Israel« durfte sie als einzige der Bürgerkriegsmilizen ihre Waffen behalten. Die Metamorphose einer Untergrund-Miliz von einer Terrorgruppe in einen *Staat im Staat* vollzog sich über Jahrzehnte; im Wechselspiel mit dem Zerfall des Staates Libanon.

Die Hisbollah bekannte sich in ihrer Gründungscharta zum System einer Islamischen Republik, aber räumte ein, dass sie für die Selbstbestimmung der einzelnen Religionsgruppen eintrete, 1992 wurde diese Passage verändert und durch ein Bekenntnis zur Demokratie ersetzt.[240] Danach wurden Mitglieder der Hisbollah ins Parlament gewählt, ab 2005 war sie Teil der Regierung. Bei den Wahlen 2022 gewann sie 13 Sitze. In einer Allianz mit den christlichen Parteien agierte die Hisbollah als »Königsmacherin« bei der Kür des Präsidenten. Ab dem Jahr 2022 scheiterte aber über Jahre die Bildung einer Regierung oder die Wahl des Staatsoberhauptes. Das Regime in Teheran torpedierte über die Hisbollah jede Lösung, die ihren Einfluss beschneiden konnte. Nach dem Tod des iranischen Präsidenten Raisi im Mai 2024 wurde für drei Tage Staatstrauer verordnet: iranischer Imperialismus in Reinkultur.

DIE BEVÖLKERUNG ALS GEISEL DER HISBOLLAH-KRIEGE

Für die Bevölkerung des Libanons bedeutet die politische und militärische Macht der Hisbollah eine Katastrophe. Die übermächtige Extremistenmiliz führt im Auftrag des Irans Konflikte, ohne auf das Land zu achten. Die Konflikte in der Ära nach dem 7. Oktober 2023 drohten zum endgültigen Todesstoß des zerbrechenden Libanons zu werden. Sofort nach Beginn des Krieges Israels gegen die Hamas griff die Hisbollah in den Konflikt ein und feuerte Raketen auf den Norden Israels ab. Diese erste Reaktion war noch verhalten. Dies lag daran, dass diese Gruppe im Jahr 2006 bereits einmal ihre Kräfte überschätzt und einen für den Libanon desaströsen Krieg mit Israel mit der Entführung von zwei Soldaten provoziert hatte.[241]

Nasrallah bereute dies, wie er in einem TV-Interview später zugab: Er hätte nicht damit gerechnet, mit welcher Härte Israel vorgehen würde. Der 34 Tage dauernde Krieg zerstörte weite Teile der Infrastruktur, auch in der Hauptstadt Beirut: Israelische Kampfjets flogen bis zu tausend Angriffe täglich. 1.200 Menschen starben.

Der Konflikt endete in einem Patt. Die Resolution 1701 des UN-Sicherheitsrates, die den Grenzverlauf zumindest provisorisch regelte, sollte den Konflikt beruhigen. In der Resolution wurde die Hisbollah dazu aufgefordert, im Süden des Landes ihre Kämpfer hinter den Fluss Litani zurückzuziehen. Dieser ist knapp zwanzig Kilometer von der »blauen Linie« entfernt, an der sich die Grenze zwischen Israel und dem Libanon orientiert. Friedenstruppen der Vereinten Nationen überwachten diese Pufferzone.[242]

Die Kämpfe flammten danach zwar immer wieder auf, die Hisbollah griff mit Raketen und Drohnen den Norden des Nachbarlandes an, Israels Armee nahm Waffenlieferungen aus dem Iran unter Beschuss, stellte mit Großmanövern die Route eines weiteren Angriffes ins Fenster. Doch beide Seiten achteten darauf, ihre Scharmützel auf das Grenzgebiet zu beschränken. Keine Seite wollte einen großen Krieg. Es gab sogar Zeichen von Entspannung. Eine Seegrenze wurde vereinbart, die Hisbollah stimmte dem zu.

Nach dem 7. Oktober 2023 taute dieser eingefrorene Konflikt auf und eskalierte im Sommer 2024 massiv. Dabei zeigte sich, wie schlagkräftig die Hisbollah seit 2006 geworden war. Der Terrorarmee gelang es, israelische Kampfjets mit Raketen zum Abdrehen zu zwingen.[243] Dadurch konnten Hisbollah-Stellungen nicht mehr wie bisher mit wenig Risiko unter Beschuss genommen werden. Israels legendäre Luftabwehr schwächelte. Drohnen stiegen unbehelligt in den Luftraum. Sogar eine Raketenbatterie des Luftabwehrschildes *Iron Dome* wurde getroffen.

Der Bevölkerung wurde die Rechnung präsentiert: Israels Armee nahm vor allem Stellungen und führende Kommandanten der Hisbollah unter Beschuss, doch auch die Zivilbevölkerung. Bis Juni 2024 starben hier neunzig Zivilisten und dreihundert Hisbollah-Kämpfer. In direkter Nähe zur israelischen Grenze wurden Städte und Dörfer verwüstet. 100.000 flohen vor den Kämpfen.[244] Ob der Libanon in den Krieg zieht oder nicht, liegt in der Hand des Milizen-Bosses Nasrallah. Das bestätigte der libanesische Parlamentsabgeordnete Elias Hankach bereits im Oktober 2023 resignierend. »Der Staat kann nichts dagegen tun. Es liegt nicht mehr in unseren Händen, sondern die Hisbollah diktiert uns. Sie hat die Institutionen zerstört und unsere Souveränität.«[245]

Ein Höhepunkt der Spannungen war just in dem Moment erreicht, als des vierten Jahrestags der Explosion im Hafen Beiruts gedacht wurde. An diesem 4. August 2020 detonierten in einer Lagerhalle im Hafen Beiruts 2.750 Tonnen Ammonium-Nitrat, Frachtgut, für das sich trotz vieler Warnungen niemand zuständig fühlte. 216 Menschen starben, 6.500 wurden verletzt. Weite Teile des Zentrums Beiruts wurden durch die Druckwelle zerstört.[246]

Europäische Staaten forderten kurz vor diesem Gedenktag ihre Bürger zur sofortigen Ausreise auf. Israelische Jets flogen tief über die Stadt, lösten durch den Knall beim Durchbruch der Schallmauer Panik aus. »Die Hisbollah, die uns in der eigenen Freiheit bedroht, unsere Proteste angreift, verhindert hat, dass die Urheber der Hafen-Explosion gefasst wurden, zieht uns jetzt in den nächsten Konflikt«, fasste ein libanesischer Journalist seine Wut zusammen. Zu seiner Sicherheit tat er es anonym.

Es genügt ein Spaziergang durchs Zentrum von Beirut, um zu erahnen, wie sehr das Land, das seit 1975 von einem Konflikt in den nächsten schlittert, havariert ist. Der einzige Anker dieses Landes ist die legendäre Widerstandsfähigkeit der Bevölkerung. Die 33-jährige Künstlerin Hayat Nazar hat diese in ihrer Heimatstadt Beirut in Schutt gemeißelt. In Form einer Frauenskulptur am zerstörten Hafengelände verwandelte sie zerstörtes Gut der Explosion in ein Mahnmal. Glasscherben in Beine, gerissene Drähte in Haare, Trümmer von Häusern bilden den Korpus, der auf einer Stand-Uhr thront. Ihre Zeiger stecken zwischen 18.06 und 18.07 Uhr fest. Dem Moment der Explosion am Hafengelände. In dieser Katastrophe verdichteten sich die vielfältigen Krisen des Libanons. Die morschen Institutionen des Staates hatten versagt.

Höhepunkt der jüngsten Spannungen war bereits die Wirtschaftskrise 2019, die dazu führte, dass Menschen in dem Land in rasantem Tempo verarmten. Selbst jene, die noch Geld hatten, durften nur noch minimale Beträge in Devisen abheben. Die Hisbollah nutzte diese Krise. Ein eigenes Schatten-Bankensystem wurde aufgebaut, das die strengen Vorschriften der libanesischen Banken umging, die ihren Kunden über Jahre hinweg nur noch kleine Beträge in Devisen ausbezahlten.

Die Botschaft war klar. Wer sich bei der Hisbollah als Mitglied einschreibt, kann auf ein Auffangnetz zählen. Dazu wurde die al-Sajjad-Karte eingeführt, die dazu befähigte, in den von der Hisbollah betriebenen Supermärkten *al-Nour* einkaufen zu können und Rabatte von bis zu siebzig Prozent zu bekommen.[247] In einem Land, wo Lebensmittelpreise pro Jahr um bis zu 400 Prozent steigen und die Hälfte unter der Armutsgrenze lebt, ist diese viel wert.

Die Hisbollah war erst ein Staat im Staat. Mehr und mehr wurde sie der Staat selbst. Bei Protesten 2019 gegen die Misere im Land griffen Kämpfer der Miliz die Camps der Demonstrierenden an, die ihrem Zorn auch gegen diese Gruppe Luft machten. Der Slogan »Wir sind Libanesen« wurde laut. Es war ein ähnliches Phänomen wie im Iran zu beobachten. Ein erster Aufstand gegen das Imperium der Islamischen Republik, die ihre Milizen zu Machtfaktoren hochrüstete, deren einziges Ziel es ist, Krieg zu führen, gegen die Welt des 21. Jahrhunderts und gegen Israel.

DER TERROR DES STAATES IM STAAT

Wer sich im Libanon gegen die Hisbollah stellt, riskiert sehr viel. Politische Morde an Aktivisten, die gegen sie aufbegehrten, illustrieren dies genauso wie Angriffe auf die führende Elite.[249] 2005 verübte die Hisbollah einen Selbstmordanschlag auf den Wagenkonvoi Rafik Hariris, des damaligen Premierministers. Er und 21 Menschen starben. Die Extremisten scheuten auch keine offenen Machtkämpfe. Etwa 2008, als die Regierung das Telekommunikationsnetzwerk der Gruppe verbieten wollte. Drei Tage lange Straßenkämpfe in Beirut folgten, bei denen elf Menschen starben.[250] Die Hisbollah setzte sich natürlich durch.

Mordkomplotte, Entführungen und vor allem Terror sind übliche Methoden der Gruppe. Dies von ihren Anfängen an. Bei Selbstmordattentaten gegen die US-Botschaft sowie einen amerikanischen Militärstützpunkt in Beirut im Oktober 1983 wurden 220 Soldaten getötet. Angegriffen wurde damals auch ein Stützpunkt Frankreichs. Dabei starben 58 französische Armeeangehörige. Doch auch im Ausland schlug das Terrorheer zu. 1992 lenkte ein Attentäter sein mit Sprengstoff beladenes Auto in Israels Botschaft in Buenos Aires, 1994 griffen Hisbollah-Terroristen dort das jüdische Kulturzentrum an, 85 Menschen starben. Als eigentlicher Drahtzieher wurden iranische Agenten entlarvt, wie das höchste Strafgericht Argentiniens im April 2024 endgültig feststellte.[251] 2012 töteten Hisbollah-Terroristen fünf israelische Touristen bei einem Selbstmordattentat in Bulgarien.

Ein weltweites Netz an Terrorzellen ist aktiv, das von Afrika und den USA bis nach Südamerika und auch Europa reicht. 1997 stuften die USA die Hisbollah als Terrorgruppe ein, Deutschland folgte 2020. In Österreich sind sämtliche Symbole der Gruppe verboten. Die EU allerdings hat nur ihren bewaffneten Flügel zur Terrorgruppe erklärt. Das Argument dabei ist: Solange die Hisbollah Teil der libanesischen Regierung ist, muss man auch mit ihr in Kontakt bleiben. Dies zeigt, wie schwer sich die internationale Gemeinschaft beim Umgang mit diesem Hybrid aus Partei und Terrorarmee tut; mit nicht-staatlichen Extremisten-Milizen insgesamt.

Dazu ist die Hisbollah eng mit der internationalen organisierten Kriminalität verwoben. Auch in der EU sind ihre Gefolgsleute in dem Bereich aktiv. Laut einem 2022 von Europol erstellten Bericht[252] besteht ein Netzwerk an Kollaborateuren, die in der EU den Handel mit Drogen und Waffen sowie Geldwäsche betreiben. In erster Linie kooperiert die Hisbollah mit südamerikanischen Kartellen im Drogengeschäft, vor allem im Kokain-Schmuggel.[253] Bis zu 300 Millionen Euro verdient sie damit und hat sich als Mafia-Netzwerk weltweit etabliert, das auch die iranische Revolutionsgarde nutzt, um sich am Schwarzmarkt zu bereichern.

Dies ist möglich, weil die Hisbollah faktisch den Süden des Libanons, auch Teile der Hauptstadt Beirut bis hin zum Flughafen kontrolliert und hier ungestört ihr kriminelles Netzwerk aufziehen kann. Auf diesem Terrain floriert auch der Drogenhandel gemeinsam mit Syriens Assad-Regime: Hier wird die Droge »Captagon« hergestellt. Pro Jahr verdient Syriens Machthaber gemeinsam mit der Hisbollah damit zwanzig Milliarden Euro.[254]

4.2 STELLVERTRETERKRIEGE IN SYRIEN

Der Großteil der Captagon-Produktionsstätten befindet sich im syrisch-libanesischen Grenzgebiet. »Es ist beliebt bei der Drogenmafia, denn die Droge ist profitabel und einfach herzustellen«, erklärt Joseph Moussalem[255], Sprecher der libanesischen Polizei. Hinter der Bezeichnung »Captagon« verbirgt sich Amphetamin. Eine Substanz mit hohem Suchtpotenzial: Die Müdigkeit ist weg, der Hunger und oft auch Skrupel werden ausgeblendet. Als »Jihadisten-Droge« wurde es bekannt, die Terroristen des IS waren süchtig danach. Danach schwappte die Abhängigkeit auf die Jugend des Nahen Ostens über. Eine Tablette zu produzieren, kostet etwa einen Euro, am Schwarzmarkt von Riad bis Amman werden bis zu 15 Euro pro Pille bezahlt.

Captagon half auch Syriens Präsident Baschar al-Assad, in den Ruinen seines Landes durchzuhalten. Er hat sich in den Boss eines regelrechten Narco-Staates verwandelt, der dreimal so viel mit Drogenhandel umsetzt wie alle mexikanischen Kartelle zusammen.[256] Ohne den Erlös aus dem Geschäft mit Captagon wäre er längst pleite. Was der Krieg von der Volkswirtschaft übrig ließ, wurde 2019 von der Banken- und Finanzkrise im Libanon mitgerissen, als viele Syrer und auch das Regime versucht hatten, ihr letztes Geld in Sicherheit zu bringen.

Engmaschige Wirtschaftssanktionen des Westens, verhängt wegen fürchterlicher Verbrechen des Regimes, hatten die Basis bereits erodiert. Neunzig Prozent der Bevölkerung sind verarmt, 16 Millionen Menschen in dem Land waren im Jahr 2024 auf Lebensmittelhilfe angewiesen, um zu überleben.[257] Viele der 24 Millionen Syrer und Syrerinnen sind entwurzelt. Sechs Millionen intern vertrieben, gleich viele haben sich ins Ausland gerettet. Wie Hunderte Beispiele beweisen, droht jenen, die zurückkommen, nicht nur Hunger und Not, sondern oft sofortige Haft samt Folter. Vor allem Männer gelten als Teil der Opposition, somit als Verräter.[258]

Trotz solcher Warnungen vertrauen zahlreiche europäische Staaten der Inszenierung von Stabilität durch das Assad-Regime, versuchen die Rückkehr von Flüchtlingen zu forcieren. Auch einer der heftigsten Widersacher und selbsternannter Schutzherr der syrischen Opposition, der türkische Präsident Recep Tayyip Erdoğan, streckte 2024 freundliche diplomatische Fühler zu Assad aus. Auch er suchte eine Möglichkeit, die 3,5 Millionen Syrer und Syrerinnen in seinem Land loszuwerden. Verschärft werden auch die Aufforderungen zur Rückkehr und Deportation aus dem Libanon. Hier sind offiziell 800.000 Syrer und Syrerinnen, doch die Dunkelziffer ist hoch. In keinem Land der Welt werden – gemessen am Pro-Kopf-Anteil – so viele Flüchtlinge beherbergt wie in diesem von mehrfachen Krisen erschütterten Land.

Dabei verschärfte sich die Lage in Syrien in der Ära nach dem 7. Oktober 2023 erneut. »Syrien wurde zu einem Schlachtfeld der Machtkämpfe zwischen regionalen und internationalen Großmächten«, sagt Josuha Landis, Syrien-Experte, der an der Universität Oklahoma lehrt. Wie viele seiner Kollegen warnte er 2024 davor, dass sich die humanitäre Krise in dem Land im 13. Bürgerkriegsjahr massiv zuspitze, dies zu einer zusätzlichen Bedrohung werde.[259]

Besonders dramatisch ist die Lage just in den Gebieten, die Assad kontrolliert. Dieser Rumpfstaat umfasst knapp siebzig Prozent des eigentlichen Staatsgebiets. Im Nordwesten kontrollieren radikale Islamisten die Provinz Idlib. Das Umland der Wirtschaftsmetropole Aleppo hält faktisch die Türkei. Den Nordosten, fast ein Drittel Syriens, kontrolliert eine syrische Kurden-Miliz, die seit 2015 von den USA unterstützt wird. Diese Allianz kam im gemeinsamen Krieg gegen den IS zustande, der dieses Terrain 2014 erobert hatte.

SYRIEN IST LÄNGST ZERFALLEN

Präsident Assad rechtfertigte sein brachiales Vorgehen während des Bürgerkrieges ab 2011 gegen die Opposition damit, dass nur sein Regime Sicherheit und eine stabile Existenzgrundlage garantiere. Sämtliche, auch unbewaffnete Demonstranten verteufelte er als »Terroristen«. Dass er trotz aller Gewalt ab 2019 mit einer Neuauflage der Revolution konfrontiert war, hatte viel damit zu tun, dass es den Menschen im Gebiet des Regimes schlechter ging als im Krieg. Im Süden des Landes, wo die Revolution 2011 begonnen hatte, brachen Unruhen aus. Dazu rebellierten erstmals die Drusen im Südwesten des Landes, eine Minderheit, die über ein Jahrzehnt stillgehalten hatte.

Dies lag daran, dass die Ursachen des Aufstandes nie behoben und die Verbrechen nicht geahndet worden waren. »Assad hat 500.000 Menschen ermordet, 130.000 Menschen sind in seinen Kerkern verschwunden, er hat 340 erwiesene Chemie-Gasangriffe gegen die eigene Bevölkerung verübt und führt einen Drogen-Staat mit Milliarden-Umsätzen, von dem nur er selbst profitiert«, lautet die Bilanz von Charles Lister vom *Middle East Institute* in Washington im Frühling 2023. Zu diesem Zeitpunkt hat die Arabische Liga Syriens Machthaber nach mehr als einem Jahrzehnt wieder in ihre Reihen aufgenommen. Man hoffte so, Assad zum Ausstieg aus dem Drogengeschäft zu bewegen. Doch der Plan scheiterte.

Zu viel steht für Syriens Präsidenten und seine Verbündete, die Hisbollah, auf dem Spiel, die viel Geld braucht, um ihr Terrorheer zu finanzieren. Es ist eine Zweckgemeinschaft, die auch zeigt, wie eng Syriens Nachkriegsordnung mit dem Milizen-Netzwerk des Irans verwoben ist. Die Hisbollah griff faktisch als »Bodentruppe« Assads in seinen Bürgerkrieg ein. Ohne solche Schützenhilfe wäre er rasch gestürzt worden.

Die Revolution verwandelte sich blitzschnell in eine bewaffnete Rebellion, die mehrheitlich sunnitischen Soldaten der Armee desertierten in Scharen[260] und schlossen sich der Opposition an. Die bewaffneten Gruppen wurden maßgeblich von den Golf-Staaten, vor allem Saudi-Arabien, finanziert. Dies vor allem deshalb, weil der regionale Rivale Iran den Präsidenten stützte. Geld aus den Schatullen der ultrakonservativen Monarchien und auch aus der Türkei floss zu einem großen Anteil hin zu Extremisten-Gruppen, zu jenen, die mit der Muslimbruderschaft vernetzt waren, und auch hin zu Jihadisten. Säkulare Aufständische gingen meist leer aus. So veränderte sich die Revolution, deren Ziel eine Demokratisierung des Regimes war, in einen Bürgerkrieg, in dem sunnitische und schiitische Extremisten kämpften.

»Assad oder das Land brennt«, unter diesem brachialen Slogan kämpfte Syriens Machthaber um seinen Posten. Dafür verkaufte er sein Land. Neben dem Regime des Irans griff im Laufe des Konfliktes Russlands Präsident Wladimir Putin ein. Es handelt sich in beiden Fällen um alte Allianzen, die Baschars Vater, Hafez Assad, bereits eingegangen ist. Er putschte sich als Verteidigungsminister 1970 an die Macht und schuf danach einen repressiven Überwachungsstaat basierend auf vier Geheimdiensten.

WIE RUSSLAND UND DER IRAN DAS LAND EROBERTEN

Der Präsidenten-Clan gehört wie zirka zehn Prozent der syrischen Bevölkerung zur Minderheit der Alawiten. Diese religiöse Gruppe ist eine kleine Teilströmung des Islam. Der überwiegende Großteil der Syrer und Syrerinnen sind Sunniten, ein Zehntel davon Kurden. Sie alle wurden Ziel der massiven Repressionen des Regimes. Als der erst 35-jährige Baschar al-Assad im Jahr 2000 das Präsidentenamt quasi erbte, wurde erwartet, dass der Augenarzt, verheiratet mit Asma al-Assad, einer in London aufgewachsenen sunnitischen Syrerin, das Land modernisieren und auch demokratisieren würde. Es war ein Irrtum. Schlussendlich war Assad Junior auf die Strategie der brachialen Gewalt angewiesen, die bereits sein Vater einsetzte, um politisch zu überleben, und dafür brauchte er Hilfe von außen.

Fünfzig Milliarden Euro ließ sich der Iran die Rettung Assads im Laufe eines Jahrzehntes kosten.[261] Binnen weniger Monate nach Ausbruch der Revolution 2011 begann Qasem Soleimani, der Chef der iranischen al-Quds-Einheiten, gemeinsam mit der Hisbollah-Führung, ein Milizenheer für Assad aufzubauen. Mit regimetreuen Syrern und Söldnern. Über achtzig Einheiten wurden blitzartig formiert, 70.000 Mann rekrutiert: aus dem Libanon und dem Irak, aber auch Afghanen in der Fatemiyoun-Brigade und schiitische Pakistani in der Zainabiyoun-Brigade.[262]

Im Gegenzug erhielt die Islamische Republik einen unbezahlbaren strategischen Vorteil. Die Bahn war frei, um auf dem Landweg von Teheran über Bagdad bis nach Beirut zu gelangen. Erst wurden Pflöcke eingeschlagen, dann zementiert. Mit Stand 2024 verfügte die Auslandseinheit der Revolutionsgarde in Syrien über 530 Stützpunkte.[263] So rückte das Bürgerkriegsland auch ins Zentrum des eskalierenden Konfliktes zwischen Israel und der iranischen *Achse des Widerstands*. Syrien war zersplittert, der Staat eine Fassade für eine Hochburg schiitischer Extremisten, die neuralgische Zonen kontrollierten. Von der

Bekaa-Ebene im Libanon bis zu den Vororten Damaskus' etwa übernahmen Mitglieder der Hisbollah die Checkpoints entlang der strategisch zentralen Autobahn.[264]

Neben dem Iran und seinen Verbündeten rückte auch Russland ein. Ab 2015 unterstützte Präsident Wladimir Putin das Assad-Regime.[265] Im August dieses Jahres flehte ihn sein syrischer Amtskollege in einem Brief förmlich um Hilfe an. »Ich bin dabei, das Land zu verlieren, greif ein. Sofort.«

Putin nahm die Gelegenheit nur zu gern an. Syrien war ein Verbündeter der Sowjetunion gewesen, sie half ab der Unabhängigkeit 1946 beim Aufbau der Armee. Im Kalten Krieg konnte Moskau auf Damaskus zählen. Und umgekehrt das Regime in Damaskus auf sowjetische Schützenhilfe in den Kriegen gegen Israel 1967 und 1973. Verloren wurden die Kriege trotzdem, doch der Assad-Clan blieb dem Bündnis treu. Nun nutzte Putin die Chance, den strategisch wertvollen Außenposten wieder auf das alte Niveau zu bringen. Als Dank für das Eingreifen in den Bürgerkrieg mit russischen Kampfjets, die Oppositionshochburgen planierten und Assads Weg zum Sieg ebneten, gab es Zusagen für militärische Stützpunkte Russlands: den Mittelmeerhafen Tartus und die Luftwaffenbasis Hmeimim. Hier sind S-400 Luftabwehrsysteme installiert, deren Raketen bis zu 400 Kilometer reichen.

Gleichzeitig sollte das Engagement, Seite an Seite mit dem Iran, den Einfluss der USA in der Region zurückdrängen. Das Fundament des immer engeren Schulterschlusses zwischen Russland und dem Iran wurde gelegt, ein zentrales Element der Neuordnung des Nahen Ostens. »Syrien ist ein zerstörtes, zerstückeltes Land, ein iranisches aber auch russisches Protektorat«, lautet das knappe Fazit des französischen Syrien-Experten Fabrice Balanche.[266]

Die Folgen sind, dass die Kriege der anderen hier geführt werden. Hunderte Male hat Israels Luftwaffe Basen und Waffenlieferungen der Hisbollah in Syrien schon vor der Eskalation des Konfliktes 2023 bombardiert. Russlands Armee sorgte dafür, dass solche Angriffe dem Regime angekündigt wurden und so eine Eskalation an der alten Nahost-Front ausblieb.[267] Dafür haben Putins Emissäre dafür gesorgt, dass die Stellungen der vom Regime in Teheran kontrollierten Milizen in sicherer Distanz zu Israel blieben.

Nach dem 7. Oktober 2023 geriet diese sensible Balance aber aus dem Lot. Angriffe Israels auf mehrere iranische Generäle in Syriens Hauptstadt Damaskus im Dezember 2023 und April 2024 illustrieren, dass Israels Führung sich nicht mehr auf Störaktionen beschränkt, sondern mit vollem Risiko die Auslandseinheiten der Revolutionsgarde ins Visier nimmt, die hier ihr Netzwerk betreuen.[268] Gleichzeitig konnte oder wollte Russlands Armee nicht mehr verhindern, dass irantreue Milizen im Süden Syriens immer näher an Israel heranrücken.[269]

Die Vorbereitungen, hier den »Feuerring« der iranischen Verbündeten um Israel zu schließen, liefen schon länger. Bereits 2022 hatten die in Syrien aktiven schiitischen Milizen eine Kommandozentrale für mögliche

Angriffe auf Israel gebildet, aus ihren Kämpfern eine 11.000-Mann-starke Elitetruppe formiert: die »Widerstandsgruppe zur Befreiung des Golans«. Dieses syrische Gebiet war 1967 von Israel besetzt und offiziell annektiert worden. Doch es ging um deutlich mehr. Von hier aus plante diese Einheit, Angriffe auf Israel zu starten, dieses auch mit einer Schar von Terroristen am Beispiel der Hamas zu stürmen.[270]

Still hielt in dieser Phase der Eskalation nur Präsident Baschar al-Assad. Er fürchtete, zwischen dem Iran und Israel zerrieben zu werden. Und mit ihm endgültig sein Land. Syriens jüngste Geschichte überblicken nur noch wenige, diplomatische Initiativen sind versandet. Diese fahrlässige Ignoranz ist mit eine der Ursachen, warum sich die Konflikte im Nahen Osten im Jahr 2024 gefährlich zuspitzen konnten. Wäre das Sammelsurium an Einflusszonen präzise ausgeleuchtet worden, hätte dies die Wahrheit schonungslos ans Licht gebracht: Syrien als einheitlicher Staat hat aufgehört zu existieren, die Macht haben schiitische paramilitärische Gruppen, vor allem jene, die mit dem Iran verbündet sind. Im Konflikt mit Israel wurden sie zu einer der größten Bedrohungen.

4.3 DIE IRAKISCHE SCHIITENARMEE

Der Zusammenbruch Syriens droht einen Domino-Effekt auszulösen und die brisante Frage der Grenzen neu aufzuwerfen. Die Instabilität dieses Landes resultiert aus Streitthemen, die ein Jahrhundert alt und nach dem Ersten Weltkrieg zum ersten Mal aufgekommen sind. Wenn eine nicht-staatliche Extremistengruppe wie die Hisbollah, die eigentlich aus dem Libanon stammt, in den Vororten der syrischen Hauptstadt Damaskus entscheidet, wer Checkpoints passieren darf, ist dies ein klares Indiz dafür, dass die Ordnung wankt.

Das Gleiche gilt für den Osten. Grenzstädte zwischen Syrien und dem Irak wie al-Bukamal werden von der Auslandsabteilung der iranischen Revolutionsgarde mithilfe schiitischer Milizen kontrolliert. Das Grenzgebiet um die Stadt ist zum Knotenpunkt von Schmugglern geworden, und ein zentraler Stützpunkt der *Achse des Widerstands*. Von hier aus werden die US-Truppen, die in der Region stationiert sind, angegriffen, gleichzeitig ist diese Region – vor allem seit dem 7. Oktober 2023 – Ziel heftiger Luftangriffe Israels und der USA.[271]

In vielen Punkten ähnelt also der Zerfallsprozess Syriens jenem des Iraks. Auch dieses Land ist gespalten und driftet entlang dieser Bruchlinien auseinander. Von den zirka 35 Millionen Irakerinnen und Irakern sind knapp zwei Drittel Schiiten, die meist in und um Bagdad und im Süden leben. Die Sunniten stellen ein weiteres knappes Drittel, dazu gibt es religiöse Minderheiten wie Christen und Jesiden. Ein knappes Fünftel der Bevölkerung sind Kurden. Sie haben zwischen Kirkuk, Erbil und Suleimania in einem halbautonomen Gebiet einen hohen Grad an Selbstständigkeit erreicht.

Aber es bestehen gravierende Unterschiede. Im Irak finden freie Wahlen statt. Die Ergebnisse werden, wenn auch zähneknirschend, akzeptiert. Die Mehrheit im Parlament stellen schiitische Parteien. Den Sunniten wird laut der Verfassung von 2005 immerhin die Rolle des Parlamentspräsidenten garantiert, den Kurden das Präsidentenamt. Dieser Versuch der Fairness verhärtet aber die Fronten, eine gemeinsame, stabilisierende Identität hat sich nicht entwickelt.

Als Jugendliche 2019 in Bagdad rebellierten, lautete ihr Schlachtruf: »Bist du Iraner? Nein! Bist du Shia? Nein! Bist du Sunni? Nein! Bist du Amerikaner? Nein! Bist du Iraki? Ja!« Sie begehrten gegen den massiven Einfluss von Milizen auf, die straflos agierten, gegen die ungenierte Aneignung des Iraks durch die iranische Revolutionsgarde, gegen die Großmachtpolitik der USA, die den Irak schonungslos zerstörte, gegen ein Leben in Unfreiheit, wo Killerkommandos Intellektuellen auflauern und Menschen aus politischen Gründen, oder um die Familien zu erpressen, entführt werden.

Sie füllten über Monate die Plätze der Großstädte, sangen, tanzten und lieferten sich in den Nächten Straßenschlachten mit den Sicherheitskräften.[272] Es war eine Bewegung, ähnlich jener im Libanon zu dieser Zeit, getragen von einer neuen Generation, die es satthatte, in Glaubensrichtungen eingeteilt und gegeneinander ausgespielt zu werden, die ein normales Leben, Jobs und Frieden wollte.

Hunderte starben bei den Protesten, als radikale schiitische Milizen gegen sie vorgingen. Videoaufnahmen bewiesen die Brutalität, etwa eine Sequenz aus dem Oktober 2019, gefilmt in einer Klinik Bagdads. Ein Slogan ist mit roter Schrift auf dem T-Shirt eines jungen Mannes zu lesen: »Wir wollen ein Heimatland.« Erst als es von seinem leblosen Körper gestreift wird, werden seine tödlichen Schusswunden sichtbar. Die Szene endet damit, dass aus seiner Hosentasche ein einziger Geldschein gezogen wird: 500 irakische Dinar, umgerechnet fünfzig Cent. Mehr Bares hatte er nicht bei sich.

Die Sehnsucht der zornigen Jugend richtete sich auf einen neuen Irak, eine echte Heimat. Acht Milliarden Euro pro Monat spülten die Rohöl-Exporte im Jahr 2023 in die Kassen des Landes. Der Irak zählt zu den Ländern mit den größten Erdöl-Reserven der Welt, förderte 2024 pro Tag 3,9 Millionen Barrel und hätte genug von dem Rohstoff, um dies noch 96 Jahre lang mit der gleichen Menge fortzusetzen.[273]

Exakt wie im Iran wäre die gut ausgebildete Bevölkerung dazu bereit, mit diesem Vermögen etwas aufzubauen. Heftige Dürreperioden und völlig fehlgeleitete Infrastrukturprojekte haben zwar viel des landwirtschaftlichen Potenzials ruiniert und die Sumpflandschaften im Süden zerstört, aber das Kapital für ein gesundes wirtschaftliches Fundament wäre vorhanden.

Doch mehrere Kriege und auch die jahrzehntelange Diktatur Saddam Husseins sind nie verdaut worden. Ab 1975 regierte er das Land als »Präsident« mit der Einheitspartei »Ba'ath« tyrannisch, führte Kriege gegen den Iran, gegen Kuwait und die eigenen Leute. Für sich und seine Söhne baute er Paläste, seine Bevölkerung verarmte, duckte sich in Panik vor seinen Folterkellern in einer stummen Existenz, musste die Folgen internationaler Sanktionen gegen die Politik des Diktators aushalten.

Saddam Hussein war Sunnit. Diese Religionsgruppe, vor allem die Clans, die in dem von Sunniten mehrheitlich dominierten Zentralraum um Bagdad leben, war unter Husseins Ära privilegiert. Gegen Schiiten und Kurden ging Hussein mit brachialer Gewalt vor. Zehntausende verschwanden in den Foltergefängnissen.[274] Im Zuge der sogenannten »Anfal«-Kampagne in den irakischen Kurdengebieten im Jahr 1988, bei der Giftgas gegen Städte eingesetzt wurde und es zu Massenhinrichtungen kam, starben mindestens 100.000 Menschen.

Mit schier unvorstellbarer Härte, indem Flüchtende aus Kampfhelikoptern beschossen wurden, schlug der Diktator 1991 einen Aufstand von Schiiten und Kurden nieder. Sie waren fälschlicherweise davon ausgegangen, dass der Westen sie bei dieser Rebellion unterstützen würde. Nach Saddam Husseins Angriff auf Kuwait im Sommer 1990 hatte sich unter Führung der USA eine internationale Koalition gebildet, die Kuwait wieder befreite. Die vergebliche Hoffnung wurde damals wach, dass dies den Sturz des Diktators bedeuten würde.

WIE AMERIKAS INVASION DAS LAND ZERRÜTTETE

Dieser Sturz ließ aber noch mehr als ein Jahrzehnt auf sich warten. Im März 2003 wurde der Irak von US-Präsident George W. Bush und seiner Koalition der »Willigen« angegriffen. Als Grund für die Intervention legte die US-Regierung dem UN-Sicherheitsrat gefälschte Beweise für die Existenz von Massenvernichtungswaffen vor. Binnen weniger Wochen brach das Regime Husseins zusammen, er wurde nach einem Prozess 2006 zum Tode verurteilt und gehängt.

Doch die USA hatten keinen Plan für den Tag danach. Sie lösten die Armee auf, starteten eine Kampagne, um sämtliche Mitglieder der Einheitspartei Ba'ath aus den Ämtern zu heben. Eilig wurden demokratische Strukturen über das von mehr als drei Jahrzehnten Diktatur zerfurchte Land gestülpt. Da Iraker und Irakerinnen ihre Stimmen den Parteien gaben, die ihre Religionsgruppen vertraten, folgte daraus eine Mehrheit für Schiiten. Sie gelangten in die Schlüsselposten des Staates. Die sunnitische Bevölkerung fühlte sich von den US-Truppen und Schiiten – oft auch zu Recht – verfolgt.

Das Resultat war verheerend. Ein Terrorkrieg brach aus, der sich erst gegen die US-Besatzung richtete und von versprengten Anhängern des Sunniten Husseins und der entmachteten Armee getragen wurde. In weiterer Folge formierten sich schiitische Milizen, die sich gegen die US-Truppen wehrten.

Bewaffnete Gruppen beider Seiten gingen auch aufeinander los. Hass, der sich über Jahrzehnte aufgestaut hatte, entlud sich unweigerlich. Vier Jahre nach der US-Intervention brach ein Bürgerkrieg mit täglichen Terroranschlägen aus. Mindestens 200.000 Zivilisten sind im Irak in den vielen Kriegen von 2003 bis 2024 gestorben. Manche Schätzungen gehen sogar von bis zu einer Million aus. Drei Millionen wurden vertrieben. Statt eines schnellen Sieges mussten die USA ihre Truppen verstärken; bis zu 170.000 Soldaten und Soldatinnen waren im Einsatz, 4.500 starben bei diesen Einsätzen. 800 Milliarden Dollar und den Verlust seiner Glaubwürdigkeit als Führungsmacht der Freien Welt kostete der Krieg die USA.[275]

Erst 2009 beruhigte sich die Lage, doch der Irak war zerrüttet, das Misstrauen zwischen Schiiten und Sunniten mitunter unüberbrückbar. Der Wiederaufbau versandete zwischen den Bruchlinien des Iraks. Das Land wurde von korrupten Beamten ausgebeutet. Umgerechnet 500 Milliarden Euro versickerten zwischen 2008 und 2014 in den Taschen von Politikern und ihrer Klientel[276], die ihre Mandate und Ämter vor allem dazu ausnutzten, um sich zu bereichern. Die neu aufgebaute Armee existierte zum Teil nur auf dem Papier, denn Offiziere konnten so den Sold von »Scheinsoldaten« einstreifen. Schiitische Milizen und sunnitische Extremisten hielten sich in ihren Machtzentren und rüsteten sich für die nächste Schlacht.

Sie folgte 2014. Die von sunnitischen Extremisten aufgebaute al-Qaida des Iraks wurde zur Vorläufergruppe
der Terrormiliz IS, die gestärkt von Extremisten-Gruppen
in Syrien in einem Blitzkrieg die Hälfte dieses Bürger-
kriegslandes und ein Drittel des Iraks eroberte. Unfass-
bare Gräueltaten prägten die Offensive, die Terrorarmee
verübte einen Genozid an der Minderheit der Jesidinnen,
nahmen Christen ins Visier und gingen bei Massakern
auf Schiiten los, wie jenes im Camp Speicher, das 1.700
Kadetten das Leben kostete. Es war ein Krieg, der den Irak
nachhaltig veränderte.

BAGDAD ALS VORHOF
DER MACHT TEHERANS

Die US-Armee schickte 2014 Trainer und Soldaten ins
Land, um der Regierung zu helfen, rasch ihre Armee so
aufzubauen, dass ein Krieg gegen die Terroristen des IS
möglich wäre. Aber der Iran überließ diesen Schlüssel-Job
nicht Amerika. Auch das Regime in Teheran schickte Hilfe. Qasem Soleimani als Chef der Auslandsabteilung der
Revolutionsgarde schritt wie zuvor in Syrien ein und half,
ein Heer von schiitischen Kämpfern aufzubauen, die innerhalb der Armee, aber auch zusätzlich als paramilitärisches
Bündnis gegen die Terroristen des IS eingreifen sollten.

Damals griff auch die graue Eminenz der Schiiten ein:
Großayatollah Ali as-Sistani. 2014 rief er angesichts der
Bedrohung durch das Terrorheer des IS einen »gerechten
Jihad« aus, forderte alle Bürger des Iraks auf, sich dem

Kampf anzuschließen, um »Bagdad und die Einheit des Iraks zu verteidigen.« Es war eine sogenannte Fatwa, ein religiöses Urteil, das die Weichen für Jahrzehnte stellte.

Der 1930 geborene Geistliche gilt als Garant für die irakische Identität der dortigen Schiiten. Im Irak – und nicht im Iran – befinden sich die wichtigsten heiligen Stätten der Schiiten in Samara, Kerbala und Najaf, wo as-Sistani quasi regiert. Er gilt als einer der einflussreichsten religiösen Führer der Welt. »Solange ich lebe, wird das Experiment des Irans nicht auf den Irak übertragen«, hatte er 2004 betont.[277]

Sein Engagement bremste den Einfluss des Nachbarlandes auf die neu entstehenden Einheiten, aber der Iran war die prägende Kraft, als damals ein regelrechtes Schiiten-Heer entstand. Die »Volksbefreiungsmilizen«, auf Arabisch »al-Haschd asch-Scha'bi«. Die Fäden zog der damalige irakische Premierminister Nouri al-Maliki, der enge Kontakte zum Iran pflegte. Sieben bereits bestehende Milizen, die an das Innenministerium angedockt waren, bildeten das Fundament. Terrorheere, die ab 2003 gegen Sunniten, vor allem aber gegen die US-Besatzung gekämpft hatten, schlossen sich an. Die ideologische Basis dieser Armee der Schiiten bildete as-Sistanis Aufruf zum Kampf.

Der Aufbau der Einheit folgte in erster Linie dem iranischen *Erfolgsrezept* Syriens. Kurzfristig hatte die Strategie Erfolg. Mithilfe der USA wurde die irakische Armee zwar neu aufgestellt, ein Luftkrieg Amerikas gemeinsam mit über sechzig verbündeten Staaten zwang die Terrorarmee des Islamischen Staates aber drei Jahre nach ihrem Feldzug in die Knie. Der Atem des eilig aufgestellten Militärs reichte nach dem Krieg nicht aus, um die Region langfristig zu sichern.

Die Fehler von 2003 wurden wiederholt: Der Krieg wurde mit der Schlagkraft westlicher Armeen entschieden, doch die Ordnung danach blieb dem brisanten Machtkampf der Gruppen vor Ort. Die Nationalpolizei des irakischen Innenministeriums, flankiert von der Volksbefreiungsmiliz, wurden zur zentralen Sicherheitskraft der Nachkriegszeit. Obwohl besonders diese Einheiten unter Verdacht stehen, für kollektive Bestrafungsaktionen der sunnitischen Bevölkerung im ehemaligen IS-Territorium verantwortlich zu sein.[278]

Es waren somit die Volksbefreiungsmilizen, die im Irak nachhaltig siegten und Armee und Sicherheitskräfte unterwanderten. 2015 stellte der damalige irakische Premierminister Haider al-Abadi sie unter das direkte Kommando des Regierungschefs und ein Jahr später wurden sie regulärer Teil der neu formierten irakischen Sicherheitskräfte. Laut den irakischen Budget-Daten aus dem Jahr 2023 stellen sie 238.075 Mann, die einen Sold von 2,65 Milliarden US-Dollar verdienen.[279] Sie kontrollieren so wie ihre Ziehväter der iranischen Revolutionsgarde auch ein regelrechtes Wirtschaftsimperium und bewachen Grenzübergänge. Laut dem ehemaligen irakischen Finanzminister Ali Allawi wanderten von den jährlichen Zolleinnahmen in der Höhe von umgerechnet sieben Milliarden Euro sechs Milliarden in die Taschen der Milizen.[280]

Da sie offiziell Teile der irakischen Sicherheitskräfte sind, können sie straflos agieren, gehen brutal gegen jene vor, die sich widersetzen. Und es waren diese Milizen, die 2019 die Proteste unterdrückten und auch ein erneutes Aufflackern des Widerstands 2021. Hunderte junge Iraker und Irakerinnen kamen dabei um.[281]

Auch ihr politischer Einfluss ist groß. Eine Koalition von Parteien, die diese Gruppen unterstützen, ebnete nach langwierigen Verhandlungen 2022 den Weg für die Angelobung von Mohammed al-Sudani als Regierungschef. Ihre wichtigste Forderung lautete damals, dass die verbleibenden 2.500 US-Truppen im Irak, die hier seit dem Krieg gegen die Terrormiliz IS stationiert waren, abgezogen werden. Es hätte ihr endgültiger Sieg über Amerika sein sollen.[282] Doch al-Sudani zögerte. So kam die Eskalation zwischen Israel, den USA und der iranischen *Achse des Widerstands* diesen Gruppen gerade recht. »Unsere Einheiten sind ein fundamentaler Teil des Kampfes in Gaza und Palästina«, bekräftigte Abdal Aziz al-Mohammed, der Kommandant der Volksbefreiungsmilizen.[283]

Innerhalb der zahlreichen Einheiten hatte sich eine Gruppe formiert, die sich als »Islamische Widerstandsbewegung des Iraks« bezeichnet. Sie bilden einen Kern der vom Iran geführten Achse des Widerstands und waren auch in Syrien auf Seiten des Assad-Regimes aktiv. Im Oktober 2023 griffen sie Stellungen der USA im Osten Syriens an, »als Rache für Gaza«, wie ihre Führer bekundeten. Zu Beginn des Jahres 2024 folgte ein Angriff mit Kampfdrohnen auf eine US-Basis im jordanisch-syrischen

Grenzgebiet. Bei diesem Angriff wurden drei US-Soldaten getötet.[284]

Im Februar attackierte die US-Armee als Reaktion darauf die führenden Kommandanten der innerhalb Iraks Milizen tonangebenden Kata'ib Hisbollah. Zwei ihrer Anführer wurden in Iraks Hauptstadt Bagdad getötet. »Wer sich mit uns anlegt, spielt mit dem Feuer«, warnte Faleh al-Fayyadh, Boss der al-Hashd asch-Sha'bi, bei einem Begräbnis dieser Kämpfer.[285] Eine Kriegserklärung, die illustriert, wie weitreichend die Schockwellen des 7. Oktobers 2023 waren, wie viele lang schwelende Konflikte durch den Krieg zwischen Israel und der Hamas eskalierten. Es wurde eine Ära des Krieges mit der Perspektive, dass darauf ein Flächenbrand folgen könnte, der die gesamte Region betrifft.

5

ZWEI STAATEN – EINE LÖSUNG

Frieden in Nahost wäre eine
»Mondlandung« der Diplomatie.
Wie es nach dem 7. Oktober 2023
weitergeht.

Vom Beginn des Ersten Weltkrieges 1914, der den Nahen Osten fundamental veränderte, bis zum Jahr 2024, zieht sich ein roter Faden. Der Versuch, eine neue politische Ordnung auf den Ruinen der Islamischen Großreiche zu bilden, die den Kern der Arabischen Welt vom 7. Jahrhundert an geprägt hatten, führte zu chronischen Konflikten. Viele Staaten, die damals entstanden, scheiterten im Lauf des Jahrhunderts. Sie hielten weder dem Druck der internationalen Einflussnahme stand noch den regionalen Rivalitäten, da ihre innere Struktur nicht robust genug war.

In der Geschichte lassen sich Thesen mit Vergleichs-Studien testen. Es wird nie mit hundertprozentiger Sicherheit zu sagen sein, ob der Nahe Osten sich anders entwickelt hätte, wäre der Konflikt zwischen Israelis und Palästinensern nicht eskaliert, wenn es von Anfang an zwei Staaten gegeben hätte. Die Wahrscheinlichkeit ist aber hoch, dass mit der Lösung dieser zentralen politischen Frage Terroristen und Staaten, die sie finanzieren, ein zentrales Thema abhandenkäme, mit dem sie ihre Konflikte begründen und ihren Extremismus legitimieren. Für die Menschen in dem Gebiet würde sich jedoch eine Perspektive für eine andere, stabile Zukunft bieten.

Der Beginn waren schlichte Sehnsüchte von zwei Völkern, »ihr« Land zu haben. Am Ende des 19. Jahrhunderts entwarf der jüdische Wiener Journalist Theodor Herzl das Konzept eines Neubeginns seines Volkes. Ansporn für seine Bemühungen war nicht religiöser Eifer, eine Verklärung des in der Bibel erwähnten »Gelobten Landes«, sondern seine Analyse der Ursachen des sich damals verschärfenden Antisemitismus'. Er kam zu dem Schluss: Juden brauchen einen eigenen Staat, um ein Volk wie jedes andere zu werden. 1896 veröffentlichte er das Manifest »Der Judenstaat«. Ein Jahr später fand in Basel der Gründungskongress der Zionistischen Weltorganisation statt.

Damals stand auch der Gedanke im Raum, sich in Uganda anzusiedeln. Doch Juden lebten über Jahrhunderte als Minderheit im heutigen Israel. Die ersten Auswanderungswellen aus dem Russischen Reich und Osteuropa waren bereits im Gange. Pogrome bedrohten ihr Leben. Jahrzehnte vor dem Holocaust, der sechs Millionen Juden und Jüdinnen das Leben kostete, war es eindeutig: Ein eigener Staat, wo das Volk Sicherheit findet, tut not.

Die Zionisten einigten sich darauf, den Staat dort zu gründen, wo die biblischen Reiche bestanden haben. Zu diesem Zeitpunkt war das Territorium seit dem 7. Jahrhundert Teil des Islamischen Großreichs, das in seiner letzten Phase bis 1918 von den Osmanen geführt wurde.

Gleichzeitig hatte sich in diesem Territorium eine kulturelle Blüte der arabischen Bevölkerung entwickelt. Städte wie Haifa waren Zentren einer entstehenden modernen Kultur. Auch die Menschen dort waren so wie in Ägypten und Syrien dabei, eine nationale Identität zu entwickeln: jene der Palästinenser.

Die katastrophale Politik Großbritanniens, das als Mandatsmacht dieses Gebiet ab 1920 übernommen hatte, war maßgeblich daran beteiligt, dass die Hoffnungen dieser Völker auf Kollisionskurs gerieten. »Die Palästinenser fühlten sich wie in einem Käfig, konnten in dem Mandatsgebiet keinen Ansatz für den Aufbau eines Staates mit eigenen Rechten vorfinden«, beschreibt der amerikanisch-palästinensische Historiker Rashid Khalidi[286] die Grundstimmung.

Wie dramatisch sich dieser Konflikt entwickeln konnte, zeichnete sich 1929 ab. Bei einem Massaker palästinensischer Extremisten kamen 69 Juden und Jüdinnen in Hebron um. Auslöser dafür waren Gerüchte, dass eine jüdische Übernahme des Tempelberges bevorstehe. Es gilt als die Stunde Null des Konflikts.[287] Die schrecklichen Ereignisse vermittelten eine Ahnung davon, was an Gewalt bevorstehen könnte. »Wenn wir in diesem Gebiet keinen Weg hin zu einer ehrlichen Kooperation mit ehrlichen Vereinbarungen mit den Arabern finden, dann haben wir aus 2.000 Jahren Leid nichts gelernt«, schrieb in einer Reaktion auf das Massaker damals Albert Einstein an eine der wichtigsten Führungspersönlichkeiten der Zionisten: Chaim Weizmann.[288]

Die Worte haben nichts an ihrer Gültigkeit eingebüßt, aber sie müssen für beide Seiten die zentrale Haltung darstellen. Israel hat drei große Kriege geführt und überstanden: 1948 nach Erklärung der Unabhängigkeit. Danach folgte 1967 ein Präventivkrieg gegen Syrien und Ägypten, um einem Angriff dieser beiden Staaten zuvorzukommen. Damals siegte Israel, gewann den Osten Jerusalems, das Westjordanland und Gaza. Bis dahin palästinensische Gebiete, die Jordanien und Ägypten kontrollierten. Niemand in Israels Führung rechnete damals damit, dass diese Länder wagen würden, zurückzuschlagen. Sie taten es aber.

Am 6. Oktober 1973, dem höchsten jüdischen Feiertag, *Jom Kippur*, dem Versöhnungstag, griffen Ägypten und Syrien Israel abermals an. Exakt fünfzig Jahre vor dem 7. Oktober 2023. Auch damals wurde Israels Führung kalt erwischt, die Premierministerin Golda Meir musste massive Kritik einstecken. Israel gewann auch diesen Konflikt. Es war aber auch ein Trauma, das zum Anstoß für eine neue Ära wurde. Der Schock von 1973 leitete eine Zeitenwende ein. In den darauffolgenden Verhandlungen mit Ägyptens Präsident Anwar al-Sadat wurde die Formel »Land für Frieden« zum Erfolgsrezept. Israel gab den eroberten Sinai zurück, Ägypten erkannte als erstes arabisches Land das Existenzrecht an. »Der Jom-Kippur-Krieg führte schlussendlich zum ersten Friedensabkommen, die erste Intifada der Palästinenser 1987 ebnete den Weg hin zu den Oslo-Abkommen«, beschrieb Aluf Benn, Chefredakteur der israelischen Zeitung *Ha'aretz* die Entwicklungen in der Geschichte des Konfliktes, die dramatische Ereignisse in eine Chance verwandeln könnten.[289] Das Problem in der Ära nach dem 7. Oktober 2023 sei aber, wie er meint, »dass es keine palästinensische Führungspersönlichkeit oder Gruppe gibt, die Israel als Partner akzeptieren könnte, wie man es mit dem ägyptischen Präsidenten Sadat konnte. Und auf der Seite Israels ist die Führungsriege auch zu schwach. Das Risiko besteht sogar, dass sich die Kräfte in Israel selbst zu zerfleischen beginnen, sobald die Kämpfe enden.«

Um eine konstruktive Konfliktlösung beginnen zu können, bräuchte man aber vor allem eine Änderung in den Köpfen, meint Nafees Hamid, der am *King's College* in London an den Zusammenhängen von Neurobiologie, Deradikalisierung und Konfliktlösung forsch.[290] »Der erste Schritt, um diese fürchterlich verhärteten Fronten zu durchbrechen, ist die andere Seite wahrzunehmen. Es geht nicht sofort um Entschuldigungen oder gar Eingeständnisse von großen Themen wie Schuld. Es geht schlicht darum, die anderen zu sehen und zuzuhören.«

Das völlig zerstörte Vertrauen ist möglicherweise die größere Hürde als hochkomplexe Streitthemen wie die Ereignisse von 1948 oder der Status von Jerusalem. Beide Seiten wissen, dass sie das Land zwischen dem Fluss und dem Meer teilen müssen, aber sehen keinen verlässlichen Partner mehr.

Im Juli 2024 stimmte eine Mehrheit in Israels Parlament für eine Resolution, in der ein Palästinenser-Staat strikt abgelehnt wurde.[291] Darin hieß es: »Jetzt einem Staat der Palästinenser zuzustimmen, würde bedeuten, den Urhebern des Terrors vom 7. Oktober einen Sieg zu bescheren.« Umfragen im Juni 2024 zeigten, dass nur noch ein Drittel der Palästinenser daran glaubte, einen eigenen Staat zu bekommen, und nur ein Fünftel der jüdischen Bevölkerung Israels eine Zwei-Staaten-Lösung befürwortet.[292]

ANSÄTZE ZUR LÖSUNG DER KRISE

Wer die immensen Herausforderungen einer fairen Lösung für die Zukunft von Juden und Palästinensern verstehen will, wird in der Altstadt Jerusalems klüger. Hier prallen auf engstem Terrain die beiden Welten zusammen. Die sechzig Meter hohe kreideweiße *Klagemauer*, wie sie Christen nennen, die *westliche Mauer* in jüdischer Diktion, ist Relikt des zweiten Tempels der Juden, errichtet von König Herodes 20 vor Christus, ein Jahrhundert später von Truppen des Römischen Reichs zerstört. Es ist der heiligste Ort der Juden und grenzt direkt an einen der für Muslime heiligsten Orte der Welt: das *Edle Heiligtum, Haram Al-Scharif*, geprägt vom Felsendom und der Al-Aqsa-Moschee, die es hier seit dem 8. Jahrhundert gibt, wenn auch nicht in dieser Bauart.

Aufnahmen dieser goldenen Kuppel sind im Nahen Osten allgegenwärtig. In Amtsgebäuden von Kairo bis Bagdad, in Wohnzimmern, auf vergilbten Postern in Restaurants oder kleinen Supermärkten. Dieser Ort ist auch aufgeladen als Symbol der Bedeutung des Staates Palästina. Als die »Al-Aqsa-Sturmflut« bezeichnete die Hamas ihren brutalen Ansturm auf Israels Grenzregion. Mit diesem Bezug zu dem muslimischen Heiligtum in Jerusalems Altstadt ist auch die politische Stoßrichtung klar: Die Hamas will die Führung der Palästinenser übernehmen.

Politisch kontrolliert diese heiligen Stätten der König von Jordanien: 1921 hat Großbritannien dem Clan der Haschemiten diese zentrale Rolle zugeschanzt. Sie behielten diese in der muslimischen Welt prestigeträchtige Rolle auch nach 1967, als sie im Sechstagekrieg die Kontrolle über das palästinensische Westjordanland und Ost-Jerusalem verloren hatten. Die Eroberung dieses winzigen Terrains war eine der stolzesten Momente der Geschichte Israels, aber bereits Stunden später wurde der *Haram Al-Scharif* oberhalb der Tempel-Mauer wieder der Kontrolle der Muslime übergeben.

Der Status auf diesem Terrain ist fragil und politisch hoch brisant. Umso dramatischer ist es, wenn Israels Polizeiminister hier auftaucht, um zu beten. Itamar Ben-Gvir tat dies mehrmals. »Unsere Politik ist es, hier Gebete zu ermöglichen.« Mit solchen Worten rüttelte er an der heiklen Balance auf diesem Terrain und ließ auf dem Höhepunkt der Gaza-Krise wissen[293]: »Einen Waffenstillstand wollen wir nicht, um die Geiseln freizubekommen. Das ist eine Falle. Wir gehen nicht in die Knie.«

Dies illustriert, wie fragil die Lage ist: Ohne eine Klärung des Status von ganz Jerusalem wird der Nahe Osten nicht zur Ruhe kommen. Die Stadt ist Fokuspunkt von Gläubigen dreier großer Weltreligionen, verklärt im Arabischen als »Die Heilige«, Al-Quds. Vor allem aber beanspruchen beide, jüdische Israelis und Palästinenser, sie als ihre Hauptstadt. 866.000 Menschen leben in der Stadt; 324.000 davon sind Palästinenser, davon ein Großteil aus der christlichen Minderheit. 542.000 sind jüdische Israelis. Und beide Seiten hätten sie gern als Hauptstadt.

Vor allem aber braucht es Sicherheitsgarantien, dass Vereinbarungen wie der Sonderstatus in Jerusalems Altstadt hält. Aber auch die Angst vor der gegenseitigen Zerstörung muss durch Garantien gelindert werden. Dazu wird eine Anerkennung der Gräueltaten, die beide Seiten einander angetan haben, nötig sein. Von der »Katastrophe 1948« der Palästinenser bis zu den Folgen des Krieges in

Gaza. Von dem fürchterlichen Leid des Hamas-Terrors bis zur Verklärung von Attentätern.

Die Vision eines israelischen und eines palästinensischen Staates, die Seite an Seite in Frieden und Sicherheit existieren, galt über lange Zeit als hoffnungslos naiv. Ein Traum, den es zu begraben galt, räumte einer der routinierten US-Nahostdiplomaten Martin Indyk 2024 kurz vor seinem Tod ein.[294] Er ergänzte aber: »Nach dem monströsen Angriff der Hamas und dem verheerenden Krieg Israels in Gaza ist dieser Plan wieder zum Leben erweckt worden. Es zeigte sich, dass es anders nicht geht.«

Seit den Oslo-Verträgen wurden keine Fortschritte mehr erzielt, die letzte Friedensinitiative unter US-Außenminister John Kerry 2014 versandete wie viele zuvor.

Mit dem Kraftakt einer »Mondlandung« verglich Dennis Ross einen Anlauf zu einer Konfliktlösung zwischen Israelis und Palästinensern im Sommer 2024.[295] Er hat für US-Präsidenten von Ronald Reagan bis Barack Obama als Nahost-Experte gearbeitet und weiß sehr genau, wovon er spricht. Den Zeitpunkt hielt er für geeignet. Eine mögliche Annäherung mit Saudi-Arabien könnte Israels Regierung trotz der gigantischen Krise an den Verhandlungstisch für eine Zwei-Staaten-Lösung bringen. Eine wirtschaftliche und politische Allianz mit moderaten arabischen Staaten würde entstehen.

Die Voraussetzung dafür sei aber, betont er, »ein Umdenken der palästinensischen Seite. Alle Formen des Extremismus müssen gestoppt werden. Dazu zählt auch die Ausbildung der Jugend, die neue Schulbücher braucht, die den Wert der friedlichen Koexistenz betonen.« Auf israelischer Seite müsste ein Stopp des Siedlungsbaus einsetzen. »Und man muss der Palästinensischen Autonomiebehörde eine realistische Möglichkeit geben, ihr Land auch wirklich zu kontrollieren.«

Es ist leicht, angesichts der Spannungen den Blick auf die Errungenschaften zu verlieren, die schon erreicht sind: 1964 erklärte die Arabische Liga die »Befreiung Palästinas« als nationale Pflicht, bei ihrem Treffen im September 1967 in Karthum legte sich die Gruppe auf drei »Nein« fest: »Nein« zu Verhandlungen mit Israel, »Nein« zu einem Friedensabkommen mit Israel und »Nein« zur Anerkennung des Existenzrechtes dieses Staates. Sechzig Jahre später ist diese Position längst aufgeweicht. Jordanien, Ägypten, Bahrain, die Vereinigten Arabischen Emirate und Marokko haben Israels Existenzrecht anerkannt und zwischenstaatliche Beziehungen aufgenommen. Saudi-Arabien war oder ist knapp dran. Dies zeigt, es ist nicht nichts geschehen, um die Konflikte in der Region zu begradigen.

STÖRFEUER DER ACHSE DER AUTOKRATEN

Der damalige US-Präsident Joe Biden und die politische Führung der EU, Australiens, Kanadas, Russlands, Chinas und der arabischen Welt, allen voran Saudi-Arabiens, setzten sich 2024 für eine Zwei-Staaten-Lösung im Konflikt zwischen Israel und den Palästinensern ein. Doch die seltene Einigkeit der internationalen Staatengemeinschaft bedarf einer gewissen Skepsis. Wieder droht der Konflikt ausgeschlachtet zu werden, als Stellvertreter-Schauplatz eines Machtkampfes.

Als inmitten der Spannungen im Sommer 2024 Sergei Schoigu, der Generalsekretär des russischen Sicherheitsrates, seinen Antrittsbesuch beim neugewählten iranischen Präsidenten Massud Peseschkian ablegte, soll ihn die iranische Führung dringend gebeten haben, modernste Raketen-Abwehrsysteme und Kampfjets zu liefern. Man brauche es dringend für einen Konflikt mit Israel, hieß es. Moskau half gern.

Die Rüstungskooperation mit dem Iran hat sich seit dem russischen Angriffskrieg auf die Ukraine im Februar 2022 intensiviert, erwies sich als wichtiger Vorteil. Russlands Präsident Wladimir Putin setzte auf den Import des hoch entwickelten Drohnenprogramms des Regimes in Teheran, nutzte das Know-how auch für den Aufbau einer eigenen Produktion.[296] Dies spülte satte Umsätze in die leeren Kassen des Irans. Nun bestand vor allem Hoffnung auf Schützenhilfe in dem sich anbahnenden Krieg.

Die Islamische Republik musste sich nicht nur auf ihre Milizen-Heere verlassen, sondern konnte auf eine regelrechte Allianz von Supermächten zählen. So zeichneten sich in dieser Nahostkrise auch Konturen einer neuen globalen Ordnung ab, in der eine Achse der Autokraten ihre Macht entfaltet.[297] Zu ihr zählt Russlands Präsident Wladimir Putin, der türkische Präsident Recep Tayyip Erdoğan und auch Chinas Staatschef Xi Jinping. Sie alle signalisierten Bereitschaft zum politischen Schulterschluss mit dem Iran gegen Israel und ihren Unterstützer, die USA.

Vor allem Putin nutzte die Situation blitzschnell aus, um anti-westliche Stimmung anzuheizen. »Nur jene, die ein Herz aus Stein haben, können der humanitären Katastrophe im Gazastreifen tatenlos zusehen«, ließ er im Spätherbst 2023 bei einer Rede wissen.[298] Ende Oktober empfing der russische Außenminister Sergei Lawrow eine Delegation der Hamas im Kreml, um das Schicksal der Geiseln zu besprechen, wie er betonte. Den grausamen Angriff der Hamas verurteilte er nicht. Vielmehr nutzte er das Treffen, um den USA auszurichten, dass die destruktive Politik Amerikas an der Krise und am bisherigen Scheitern eines Palästinenser-Staates schuld sei. Auch Chinas Staatschef mischte, wenn auch anfangs zögerlich, mit. Xi Jinping forderte am 22. Oktober 2023 einen »sofortigen Waffenstillstand«, plädierte für einen Palästinenser-Staat und lud im Juli 2024 sämtliche palästinensischen Fraktionen nach Peking, um eine einheitliche Strategie zu finden.

Sichtbar wurde, dass es mit der Annäherung an Russland und China gelungen war, die Folgen der Wirtschaftssanktionen des Westens abzufedern. Eine »Bypass-Achse« entstand, um vom westlichen Handel abgeschnittene Staaten neu zu beleben. China profitierte von spottbilligen Rohstofflieferungen, Russland und China konnten sich so trotz internationaler Isolation über Wasser halten.[299]

Nach England, Frankreich, den USA und der Sowjetunion folgen nun China und Russland, die im Nahen

Osten Kriege, Konflikte und Krisen auch dafür nutzen, um Einflusszonen zu erweitern. Es ist neuer Wein in alten Schläuchen. Großmächte heizen von außen mit ihren Machtinteressen Krisen an. Ein Leitmotiv seit einem Jahrhundert, seit nach dem Ersten Weltkrieg die Weichen für viele Krisen gestellt worden sind.

Dem Iran gelang, sich als »Retter der Palästinenser« zu inszenieren und seine neuen Partner mit ins Boot zu holen, weil Europas Staaten, die EU und auch die USA davon ausgingen, die Welt würde sich auch ohne eine mühsame Konfliktlösung in Nahost weiterdrehen. Ein gefährliches Vakuum entstand.

DIE ALTERNATIVE: EIN GROSSER KRIEG

Die Führung im Iran scheut zwar einen offenen Konflikt mit Israel, aber sie sucht die Provokation, um ihren Machtanspruch als führendes Land der Islamischen Welt zu rechtfertigen. Diese sensible Gratwanderung führte die Region im Sommer 2024 an den Rand eines verheerenden Flächenbrands. Während ich zu dieser Zeit in Israel war und des Weiteren diese Zeilen hier schrieb, bestand die Befürchtung eines Regionalkrieges.

Bis zu sechshundert Raketen pro Tag feuerte die libanesische Hisbollah im Sommer auf Israel ab, tausende Angriffe erfolgten seit dem Beginn der Eskalation im Oktober 2023. Schon am 8. Oktober hatte die israelische Regierung die Evakuierung von 60.000 Menschen angeordnet. 30.000 flüchteten freiwillig. Es kursierten Berichte, dass der Hamas-Überfall auf Plänen basieren würde, die von der Hisbollah schon vor Jahren für Angriffe auf den Norden Israels ausgearbeitet worden waren und auch von ihnen umgesetzt werden könnten. Israels Armee nahm Stellungen der Hisbollah in Beschuss, tötete dabei Dutzende führende Kommandanten, aber auch hunderte Zivilisten. Die zweite Front in diesem Krieg eskalierte lang bevor der Krieg erklärt war.

Doch Israels Armee war auf einen solchen Mehrfrontenkrieg schlecht eingestellt. Sie besteht aus 170.000 Soldaten und Soldatinnen, dazu können 480.000 Reservisten einberufen werden: Dieses Kontingent war nach zehn Monaten Krieg ausgeschöpft. Seit Jahren war die Strategie auf die Luftstreitkräfte ausgerichtet. Sie zählen – auch dank der Militärhilfe von 3,8 Milliarden Euro pro Jahr durch die USA – zu den schlagkräftigsten der Welt.

Allein mit Drohnen, Jets und Hightech lassen sich die aktuellen Kriege schwer gewinnen. Nötig sind Einheiten, die einen Häuserkampf führen und Terrain halten können. Laut einer Analyse von Experten des israelischen *Sadat-Begin-Centers for Strategic Studies* seien die Schwierigkeiten im Gaza-Krieg darauf zurückzuführen, dass es daran mangelt.[300] Genau hier sei gespart worden: Bei Bodentruppen, die vor allem nötig wären, um gegen die Hisbollah zu bestehen.

Die Terrorheere des Nahen Ostens waren härtere Gegner als die meisten staatlichen Armeen und schwerer zu besiegen. Sie verstecken sich in Tunnelanlagen, kämpfen mit Raketen und Massen an billigen Kampf-Drohnen und sorgen mit ihrer fanatischen Entschlossenheit für Panik.[301] In diesem Punkt hatten sich Israel und der wichtigste Verbündete USA geirrt.

»Niemals in den vergangenen zwei Jahrzehnten war die Lage in der Region so friedlich wie jetzt«, meinte Jack Sullivan, Sicherheitsberater des damaligen US-Präsidenten Joe Biden, nur wenige Tage vor dem Angriff der Hamas.[302] Das Statement illustriert, wie gering die Gefahr eingeschätzt wurde. Danach musste eilig gehandelt werden. Die USA entsandten massive militärische Unterstützung in Richtung Israel, kreuzten mit Zerstörern und Flugzeugträgern ins Mittelmeer und nahmen die jemenitische Huthi-Miliz am Roten Meer ins Visier. Auch sie sind, wie die palästinensische Hamas oder die libanesische Hisbollah, Verbündete des Irans und griffen in den Konflikt mit Attacken auf internationale Handelsrouten ein. »Wir sind in die schwersten Kämpfe auf See seit dem Zweiten Weltkrieg geraten«, beschrieb Bryan Clark, früher für die US-Navy in U-Booten im Einsatz, die Dimension der Krise.[303] Auch die Bereitschaft des Irans, nicht nur Vasallen vorzuschicken, sondern auch selbst anzugreifen, wurde unterschätzt. Nachdem Israels Armee am 1. April 2024 acht hochrangige Mitglieder der iranischen Auslandseinheiten im Konsulat in Damaskus mit einem Raketenanschlag getötet hatte, griff der Iran als Vergeltung zwei Wochen später direkt an. Dieser und auch Israels Vergeltungsschlag gingen glimpflich aus. Doch die Lage war fragil, rote Linien überschritten.

»Wir haben eine neue Phase erreicht. Es geht nicht mehr um eine Front, sondern um eine militärische Kampagne von allen Seiten«, warnte Hisbollah-Chef Hassan Nasrallah vor einem gleichzeitigen Angriff auf Israel durch den Iran und die mit ihm verbündeten Milizen im Libanon, dem Jemen und dem Irak. Ende Juli 2024 herrschte Kriegsgefahr. Nach dem tödlichen Raketenanschlag Israels auf die Nummer zwei der Hisbollah, Fuad Shukr, in Beirut und einer Bombe im Quartier des Hamas-Boss Ismail Haniyyeh in Teheran, müssten nun »harte Strafen folgen«, wie es Ali Khamenei, der Höchste Führer der Islamischen Republik Iran, formulierte.

Die Nerven lagen blank. Jede noch so kleine Meldung löste größte Sorge aus. »In diesen Nächten werden wir immer nervöser. Wir warten hilflos in den Häusern auf einen Raketen-Angriff, von dem wir nicht wissen, wie weitreichend und intensiv er sein wird. Es liegen so viele Fragen in der Luft. Wird das Leben danach so weiter gehen wie vorher? Das Land so sein wie zuvor? Es ist einer der fürchterlichsten Momente in unserer Geschichte«, formulierte es der israelische Journalist Chemi Shalev.[304]

Momente, die allerdings auch dazu führen könnten, dass die Folgen des 7. Oktobers 2023 ähnlich wie jene fünfzig Jahre zuvor, als ein Krieg Israel überraschte, eine 180-Grad-Wende zu einer Konfliktlösung bedeuten könnten. Entscheidend dafür sind zwei Faktoren: Eine gezielte gemeinsame Kraftanstrengung der internationalen Diplomatie, auch mit einer klaren Einbindung der Europäischen Union und der Bereitschaft der Betroffenen, den

Blick nach vorn zu richten. So unfassbar schwer dies auch angesichts des Leidens und der Gräueltaten fallen dürfte, so wie es Jitzchak Rabin dreißig Jahre vor dem 7. Oktober 2023 formuliert hatte: »Du schließt nicht Frieden mit deinen Freunden, sondern mit deinen Feinden.«

Und dies waren die ernüchternden Lehren der Eskalation in der Ära nach dem 7. Oktober 2023: Zu den Feinden zählen auch jene, die eine fehlende Lösung für ihre Aggressionspolitik nutzen. Der Nahe Osten braucht eine Neuordnung, eine stabile politische Struktur, in die auch der Iran eingebunden werden muss. Ja, diese Kraftanstrengung ist tatsächlich vergleichbar mit einer Mondlandung, aber sie ist alternativlos.

QUELLENVERZEICHNIS

DEN NAHEN OSTEN VERSTEHEN

1. *Antisemitische Meldestelle. Jahresbericht 2023. Israelitische Kultusgemeinde Wien. https://www.antisemitismus-meldestelle.at/berichte*

1 DER TAG, DER ALLES ÄNDERTE

2. *Human Rights Watch (17.7.2024): October 7 War Crimes by Hamas-led Groups. https://www.hrw.org/news/2024/07/17/october-7-crimes-against-humanity-war-crimes-hamas-led-groups*

3. *Byman, Daniel e. a. (19.12.2023): Hamas's October 7 Attack: Visualizing the Data. CSIS. https://www.csis. org/analysis/hamass-october-7-attack-visualizing-data.*

4. *Hasson, Nir (14.8.2024): Gaza War Is One of the Bloodiest in the 21st Century. https://www.haaretz.com/middle-east-news/palestinians/2024-08-14/ty-article-magazine/.premium/the-death-toll-in-gaza-is-bad-even-compared-to-the-wars-in-ukraine-iraq-and-myanmar/00000191-50c6-d6a2-a7dd-d1decf340000*

5. *Summon Suil (10.6.2024): Gaza Chief's Brutal Calculation. Wall Street Journal. https://www.wsj.com/world/middle-east/gaza-chiefs-brutal-calculation-civilian-bloodshed-will-help-hamas-626720e7*

6. *Bateman, Tom (6.3.2023): Israel's Elite Eighter Pilots Escalate Judicial Reform Protest. BBC. https://www.bbc.com/news/world-middle-east-64866873*

DIE ANGST VOR EINEM FLÄCHENBRAND

7. *Liber, Dov; Raice Shaynd (7.4.2024): In Six Months, Everything Has Changed for Israel. WSJ. https://www.wsj.com/world/middle-east/in-six-months-everything-has-changed-for-israel-5c5130e9*

8. *International Criminal Court (20.5.2024): Statement of ICC Prosecutor Karim A.A. Khan KC: Applications for Arrest Warrants in the Si-*

tuation in the State of Palestine. *https://www.icc-cpi.int/news/*
statement-icc-prosecutor-karim-aa-khan-kc-applications-arrest-warrants-situation-state

9.   ARD (11.1.2024): *Worum es bei der Völkermord-Klage geht. https://www.tagesschau.de/*
     ausland/asien/israel-gazastreifen-den-haag-voelkermord-faq-100.html

10. Cortellessa, Eric (6.11.2023): *Former Israeli Prime Minister: Irael's Endgame in Gaza should be*
     a Palestinian State. TIME. https://time.com/6332127/israel-palestine-war-ehud-barak/

11. Latham, Andrew (23.2.2023): *The 21st Century's Gramsci Problem. The Hill. https://thehill.*
     com/opinion/national-security/3871147-the-21st-centurys-gramsci-problem/

12. Bachner, Michael (5.11.2023): *Far-right Minister Says Nuking*
     Gaza an Option. Times of Israel. https://www.timesofisrael.com/
     far-right-minister-says-nuking-gaza-an-option-pm-suspends-him-from-cabinet-meetings/

13. Lis, Jonathan (22.8.2024): *Shin Bet Chief Warns PM and Ministers. Ha'aretz. 22.8.2024. https://*
     www.haaretz.com/israel-news/2024-08-22/ty-article/.premium/shin-bet-chief-warns-pm-and-
     ministers-jewish-terror-is-jeopardizing-israels-existence/00000191-7b9a-de04-af9b-7b9b38070000

EINZIGER AUSWEG FRIEDEN

14. Peled, Anat (12.5.2024): *Inside Israel It's a Very Different War. https://www.wsj.com/world/*
     middle-east/inside-israel-its-a-very-different-war-628097b2?mod=hp_lead_pos7)

15. Umfrage Gaza, Westjordanland Ende Mai 2024, *Palestinian Center for Policy and Survey*
     Research: https://pcpsr.org/en/node/980

16. Amr, Shefa (2.4.2024): *Israeli Who Lost Parents on Octo-*
     ber 7 Has Message of Peace. AFP. https://www.france24.com/en/
     live-news/20240402-israeli-who-lost-parents-on-october-7-has-message-of-peace

1.1 ISRAEL UND DER TAG DES TERRORS

17. Kubovich, Yaniv; Hasson, Nir (24.4.2024): *How Could Israel's Army Abandon This Kibbutz*
     for Seven Hours on October 7? Ha'aretz. https://www.haaretz.com/israel-news/2024-04-24/
     ty-article-magazine/.premium/how-could-israels-army-abandon-this-kibbutz-for-seven-
     hours-on-october-7/0000018f-0076-db42-a99f-adff41440000

18. Rosin, Hana (10.10.2023): 'Be Absolutely Quiet. Not a Word.' Atlantic Radio. https://www.theatlantic.com/podcasts/archive/2023/10/israel-hamas-amir-tibon-be-absolutely-quiet-not-a-word/675603/

WARUM ISRAELS ARMEE ZU SPÄT KAM

19. Bergman, Ronen e. a. (29.10.2023): How Years of Israeli Failures on Hamas Led to a Devastating Attack. New York Times. https://www.nytimes.com/2023/10/29/world/middleeast/israel-intelligence-hamas-attack.html

20. Kubovich, Yaniv (7.12.2021): Israel Completes Vast, Billion-dollar Gaza Barrier. Ha'aretz. https://www.haaretz.com/israel-news/2021-12-07/ty-article/.premium/israel-completes-vast-billion-dollar-gaza-barrier/0000017f-ee2c-d4cd-af7f-ef7c25d40000

21. Rosen-Birch, James (20.5.2024): How Changes in the Israeli Military Led to the Failure of October 7. New Lines Magazine. https://newlinesmag.com/argument/how-changes-in-the-israeli-military-led-to-the-failure-of-october-7/

22. Hazoots Buch ist auf Hebräisch erschienen. Eine Zusammenfassung auf Englisch findet man hier: Harel, Amos (2.8.2024): How Israel's Army Sowed the Seeds of Its October 7 Disaster. Ha'aretz. https://www.haaretz.com/israel-news/2024-08-02/ty-article-magazine/.premium/how-israels-army-sowed-the-seeds-of-its-october-7-disaster/00000191-13ba-db7e-a99d-1fba4cca0000

23. Fabian, Emanuel (13.8.2024): Suspects in Sde Teiman Abuse Case to Be Sent to House Arrest. The Times of Israel. https://www.timesofisrael.com/ahead-of-indictments-suspects-in-sde-teiman-abuse-case-to-be-sent-to-house-arrest/

DIE FAMILIEN DER OPFER BEGEHREN AUF

24. Interview; TIME Magazine (4.6.2024): Full Transcript. https://time.com/6984968/joe-biden-transcript-2024-interview/

25. Times of Israel (27.7.2024): Slain Captive Said Netanyahu Won't Work to Free Us Because We're Leftists. https://www.timesofisrael.com/ex-hostage-slain-captive-said-netanyahu-wont-work-to-free-us-because-were-leftists/

26. Ha'aretz (17.7.2024): Families Demand Clarifications. https://www.haaretz.com/isra-
     el-news/2024-07-17/ty-article/hostage-families-want-answers-after-pm-reportedly-says-
     theyre-suffering-not-dying/00000190-c05e-d211-a5da-ed5fd8350000

27. Rose, Emily (5.2.2024): Israeli Hostage Families Gain Clout as Politi-
     cal Landscape Shifts. Reuters. https://www.reuters.com/world/middle-east/
     israeli-hostage-families-gain-clout-political-landscape-shifts-2024-02-05/

ANGST UM ISRAELS DEMOKRATIE

28. INSS (27.5.2024). https://www.inss.org.il/wp-content/uploads/2024/05/No.-1856.pdf

29. Times of Israel. Liveblog vom 5.8.2024. https://www.timesofisrael.com/liveblog_entry/smot-
     rich-might-be-justified-and-moral-to-cause-2-million-gazans-to-die-of-hunger-but-world-
     wont-let-us/

30. Ravid, Barak (20.3.2023): Jordan Condems Far-Right Israeli. Axios. https://www.axios.
     com/2023/03/20/bezalel-smotrich-jordan-greater-israel-map-palestinians

31. Kitzler, Jan-Christoph (16.2.2024): Zwei-Staaten-Lösung notfalls auch ohne Israel? ARD. ht-
     tps://www.tagesschau.de/ausland/asien/nahost-israel-gaza-krieg-zwei-staaten-loesung-si-
     cherheitskonferenz-muenchen-100.html

32. Harkov, Lahav (12.3.2019): Netanyahu: Money to Hamas Part of Strategy to Keep Pa-
     lestinians Divided. Jerusalem Post. https://www.jpost.com/arab-israeli-conflict/
     netanyahu-money-to-hamas-part-of-strategy-to-keep-palestinians-divided-583082

33. Lidman, Melanie (19.7.2024): Who is Ben-Gvir? AP. https://apnews.com/article/
     israel-palestinians-bengvir-jerusalem-alaqsa-cd27dfed6d63f4dec3eae2f51ee23ff0

34. The Editorial Bord. New York Times: (27.2.2019): Netanyahu Stoops to Survive. https://www.
     nytimes.com/2019/02/27/opinion/israel-election-netanyahu.html?searchResultPosition=2

35. Rosenberg, Yair (23.12.2023): The Israeli Government Goes Extreme Right.
     The Atlantic. https://www.theatlantic.com/international/archive/2022/12/
     israel-election-bibi-netanyahu-ben-gvir/672572/

36. Clingendael (Oktober 2022): The 2022 Israeli elections: Change, but no change. https://www.
     clingendael.org/sites/default/files/2022-10/Policy_brief_The_2022_Israeli_Elections_DEF.pdf

37. Scheindlin, Dahlia (14.8.2024): *How Close Is Netanyahu's Government to Taking Down Israel's Rule of Law?* Ha'aretz. https://www.haaretz.com/israel-news/2024-08-14/ty-article/.premium/while-israel-is-at-war-netanyahu-and-his-allies-are-at-war-with-the-law/00000191-4ca6-d9b5-adbf-5ca7d36d0000

38. Times of Israel (22.8.2024): *Party led by Bennett would overtake Likud in elections, could form coalition* https://www.timesofisrael.com/party-led-by-bennett-would-overtake-likud-in-elections-could-form-coalition-poll/

EINE ZWEITE FRONT IM WESTJORDANLAND

39. Perry, Dan (14.7.2024): *Israel's Biggest Issues are Settlers, Haredi Birthrate, Liberals leaving.* Jerusalem Post. https://www.jpost.com/opinion/article-750008

40. Beaumont, Peter (18.7.2024): *National Religious Recruits Challenge Values of IDF Once Dominated by Secular Elite.* The Guardian. https://www.theguardian.com/world/article/2024/jul/18/national-religious-recruits-challenge-values-of-idf-secular-elite

41. Gorenberg, Gershom (6.8.2024): *Israel's Disaster Foretold.* The Atlantic. https://www.theatlantic.com/international/archive/2024/08/icj-ruling-west-bank/679372/

42. Horowitz, Michael (2024): *Hope and Despair.* Hurst & Company. London. UK.

43. Das Statement ist auf Video abrufbar. https://x.com/DanielSeidemann/status/1821569554444611608

44. Holland, Steve (1.2.2024): *Biden Imposes Sanctions on Israeli Settlers Accused of West Bank Violence.* https://www.reuters.com/world/biden-issue-order-targeting-jewish-settler-violence-wbank-politico-2024-02-01/#:~:text=WASHINGTON%2C%20Feb%201%20 (Reuters),Israeli%20Prime%20Minister%20Benjamin%20Netanyahu.

45. Florido, Adrian (4.6.2024): *Chants of 'intifada' ring out from pro-Palestinian protests.* NPR. https://www.npr.org/2024/06/04/nx-s1-4958278/intifada-chants-pro-palestinian-protests-israel

46. Goldenberg, Tia (6.9.2023): *A Former Mossad Chief Says Israel is Enforcing an Apartheid System in the West Bank.* AP. https://apnews.com/article/israel-apartheid-palestinians-occupation-c8137c9e7f33c2cba7b0b5ac7fa8d115

47. Kristof, Nicholas (29.6.2024): We Are Coming to Horrible Days. New York Times. https://www.nytimes.com/2024/06/29/opinion/israel-gaza-west-bank.html

48. ARD-Rechtsredaktion (19.7.2024): Was aus dem Gutachten des IGH folgt. https://www.tagesschau.de/ausland/asien/israel-igh-besatzung-korri-100.html

1.2 GAZA – DAS DRAMA DER PALÄSTINENSER

49. The Association of Civil Rights in Israel (9.11.2011): The Nakba Law. https://law.acri.org.il/en/knesset/nakba-law/

50. Wright, J. (16.5.2024). The Solemn History Behind Nakba Day. https://time.com/6978612/nakba-day-history/

51. Stein, Alex (Autumn 2023): Road to Nowhere. Tel Aviv Review of Books. https://www.tarb.co.il/road-to-nowhere/

52. Der Brief ist hier im Wortlaut zitiert zu finden: https://avalon.law.yale.edu/20th_century/balfour.asp

53. Diner, Dan (2021): „Ein anderer Krieg. DVA, München.

54. Schwartz, Adi (13.11.2023): The Middle East After October 7th. Middle East Forum. https://www.meforum.org/65247/adi-schwartz-the-middle-east-after-october-7th

DIE NÄCHSTE KATASTROPHE

55. AP (13.10.2013): Israel's Recent Call for Mass Evacuation Echoes Catastrophic 1948 Palestinian Exodus. https://www.pbs.org/newshour/world/in-israels-call-for-mass-evacuation-palestinians-hear-echoes-of-their-original-catastrophic-exodus

56. UN-OCHA (19.4.2024): Humanitarian Situation Update #206. https://reliefweb.int/report/occupied-palestinian-territory/humanitarian-situation-update-206-gaza-strip

57. Roth, Richard (28.8.2024): World Food Programme Halts Movement in Gaza. CNN. https://edition.cnn.com/2024/08/28/middleeast/world-food-program-vehicle-hit-gunfire-gaza-intl latam/index.html#:~:text=World%20Food%20Programme%20halts%20movement%20in%20Gaza%20after%20repeated%20gunfire%20strikes%20aid%20vehicle,-By%20Richard%20Roth&text=At%20least%2010%20bullets%20hit,according%20to%20the%20UN%20agency.

58. Harold, Pia (5.8.2024): UN Staff Fired over Possible Links to 7 October Attack. BBC. https://www.bbc.com/news/articles/cnvyyz8461yo

59. Salman, Abeer (14.8.2024): A Gaza Father. CNN. https://edition.cnn.com/2024/08/13/middleeast/israel-strike-gaza-twins-intl-latam/index.html

EINE ZERSTÖRTE GENERATION

60. Khatib, Rasha (5.7.2024): Counting the Dead in Gaza. The Lancet. https://www.thelancet.com/journals/lancet/article/PIIS0140-6736(24)01169-3/fulltext

61. Hass, Amira (10.4.2024): Numbers That Stagger the Imagination https://www.haaretz.com/israel-news/2024-04-10/ty-article-magazine/.premium/numbers-that-stagger-the-imagination-theres-no-way-to-quantify-the-suffering-in-gaza/0000018e-c1db-d480-a99e-cfdf01240000

62. Alex de Waal (21.3.2024): We Are About to Witness in Gaza the Most Intense Famine since the Second World War. The Guardian. https://www.theguardian.com/commentisfree/2024/mar/21/we-are-about-to-witness-the-most-intense-famine-since-world-war-ii-in-gaza

63. Malsin, Jared (30.12.2023): The Ruined Landscape of Gaza. Wall Street Journal. https://www.wsj.com/world/middle-east/gaza-destruction-bombing-israel-aa528542

64. UN-NEWS (19.12.2023): 'Ten weeks of hell' for children in Gaza: UNICEF. https://news.un.org/en/story/2023/12/1144927

65. Jones, Owen (18.8.2024): Hind Rajab's death has already been forgotten. The Guardian. https://www.theguardian.com/commentisfree/article/2024/aug/18/hind-rajab-israeli-state-atrocity

66. Moench, Mallory (27.7.2024): Israeli strike on Gaza school killed 30 – health ministry. BBC. https://www.bbc.com/news/articles/c1e5y8ny1l4o

WIESO ES KEINEN PALÄSTINENSISCHEN STAAT GIBT

67. CNN (5.8.2024): Netanyahu Says ‚Victory' Over Hamas Is in Sight. The Data Tell a Different Story. https://edition.cnn.com/interactive/2024/08/middleeast/gaza-israel-hamas-battalions-invs-intl/

68. Ramsauer, Petra (9.5.2024): Wie die Hamas überlebt. NEWS. https://www.news.at/politik/wie-hamas-ueberlebt

69. Council of Foreign Relations (19.8.2024): What is Hamas? https://www.cfr.org/backgrounder/what-hamas

70. Roth, Jonas (28.5.2024): Die PLO versinkt in der Bedeutungslosigkeit. NZZ. https://www.nzz.ch/international/der-niedergang-der-plo-wie-sie-den-nahostkonflikt-praegte-ld.1831697

71. Fink, Rachel (3.6.2024): What Does Recognizing Palestine as a State Mean? Ha'aretz. https://www.haaretz.com/israel-news/2024-06-03/ty-article-magazine/.premium/explained-what-happens-when-a-country-recognizes-palestine-as-a-state/0000018f-ddba-df43-a7df-fd-fae7ad0000

72. Issacharaov, Avi (28.2.2024): The Goldstein Massacre and the Danger of Escalation. Times of Israel. https://www.timesofisrael.com/the-goldstein-massacre-and-the-danger-of-escalation/

73. Miller, David Aaron (13.7.2020): Lost in the Woods. Carnegie Endowment for Peace. https://carnegieendowment.org/posts/2020/07/lost-in-the-woods-a-camp-david-retrospective?lang=en

74. Die sehr umfassende Studie ist hier abrufbar: https://jcpa.org/article/the-palestinian-authoritys-corruption-and-its-impact-on-the-peace-process/

75. Ibish, Hussein (14.6.2024): For Hamas Everything is Going According to Plan. The Atlantic. https://www.theatlantic.com/international/archive/2024/06/hamas-everything-going-according-plan/678690/?gift=xV5INX5svWmu4WXfXW2MqVWENdTUxuKQjRjdzltAtmo&utm_source=twitter&utm_medium=social&utm_campaign=social

1.4 DAS DOPPELTE TRAUMA

76. Bar-Tal, Daniel (2023): Sinking into the Honey Trap: The Case of the Israeli-Palestinian Conflict: Westphalia Press.

77. Ramsauer, Petra (4.2.2024): Das doppelte Trauma. NZZ am Sonntag. https://www.nzz.ch/gesellschaft/gefangen-im-trauma-das-ist-juedischen-israelis-palaestinensern-gemeinsam-ld.1777931

78. Rajavanshi, Astha (27.2.2024): The Mental Health Toll of the War in Gaza. TIME. https://time.com/6835665/palestinian-mental-health-war-israel-hamas/

79. WORLD BANK GROUP (22.11.2022): MENTAL HEALTH in the West Bank and Gaza. https://documents1.worldbank.org/curated/en/099153502102330181/pdf/P17925303fca130e-30936d016a378b6a1e9.pdf

80. https://www.i24news.tv/en/news/israel-at-war/survivor-testimonies/artc-oct-7-festival-massacre-survivor-reveals-about-50-survivors-later-committed-suicide

81. Harel, Amos (7.6.2024): Waning International Legitimacy, an Exhausted Army and War in Lebanon Will Push Israel to the Edge. https://www.haaretz.com/israel-news/2024-06-07/ty-article/.premium/waning-intl-legitimacy-an-exhausted-army-and-war-in-lebanon-will-push-israel-to-the-edge/0000018f-ef1b-d3f3-a7ff-ff3b7db00000

2 DER NAHE OSTEN WIRD ERFUNDEN

82. Adam, Karla (13.1.2016): Obama Ridiculed. Washington Post. https://www.washingtonpost.com/news/worldviews/wp/2016/01/13/obama-ridiculed-for-saying-conflicts-in-the-middle-east-date-back-millennia-some-dont-date-back-a-decade/

83. Wyrtzen, Johnathan (2023): Worldmaking in the Long War. Columbia University Press. New York.

84. Rahman, Nathalia (October 2018): Democracy in the Middle East and North Africa. Arab Barometer. https://www.arabbarometer.org/wp-content/uploads/Democracy_Public-Opinion_Middle-east_North-Africa_2018.pdf

85. Ramsauer, Petra (2014): Muslimbrüder. Molden. Wien.

86. Lynch, Marc (April 2024): The Coming Arab Backlash. Foreign Affairs. https://www.foreignaffairs.com/israel/coming-arab-backlash

87. Human Rights Watch (17.5.2024): Tunisia: Deepening Civil Society Crackdown. https://www.hrw.org/news/2024/05/17/tunisia-deepening-civil-society-crackdown

88. Lecca, Tomaso (29.6.2024): EU Finalizes up to €1B in Aid to Egypt. Politico. https://www.politico.eu/article/eu-finalize-billion-aid-egypt-migration-deal/

89. Lynch, Marc (22.4.2024): The Coming Arab Backlash. Foreign Affairs. https://www.foreignaffairs.com/israel/coming-arab-backlash

90.   i24NEWS (6.5.2024): Moderate Arab Coalition Presents Roadmap
      for Palestinian State. https://www.i24news.tv/en/news/middle-east/
      artc-moderate-arab-coalition-presents-roadmap-for-palestinian-state

91.   Die Daten stammen aus der „Costs of Wars" eine laufend aktualisierte Aufstellung des Wat-
      son-Institutes der Brown University: https://watson.brown.edu/costsofwar/papers/summary

92.   Überblick zur Terror-Situation 2024 siehe: Allison, Graham; Morell, Michael (10.6.2024): The
      Terrorism Warning Lights Are Blinking Red Again. Foreign Affairs. https://www.foreignaffairs.
      com/united-states/terrorism-warning-lights-are-blinking-red-again. Zur Geschichte der
      Terrorgruppen: Ramsauer, Petra (2015): Die Dschihad-Generation. Styria. Wien.

93.   Der Standard (26.8.204): IS veröffentlicht Video mit mutmaßlichem At-
      tentäter von Solingen. https://www.derstandard.at/story/3000000233810/
      solingen-is-ver246ffentlichte-video-mit-mutma223lichem-messerattent228ter

94.   Benjamin, David; Simon, Steven (20.5.2024): New 9/11 Evidence Points to Deep Sau-
      di Complicity. The Atlantic. https://www.theatlantic.com/ideas/archive/2024/05/
      september-11-attacks-saudi-arabia-lawsuit/678430/

95.   Petraeus, David e. a. (17.6.2024): Israel's War of Regime Change Is Repea-
      ting America's Mistakes. Foreign Affairs. https://www.foreignaffairs.com/israel/
      israel-war-regime-change-repeating-americas-mistakes-david-petraeus

2.1 ANATOMIE DER ARABISCHEN WELT

96.   Fromkin, David (1989): A Peace to End all Peace. Henry Holt & Co. NY. USA.

97.   Committee on International Relations (2.5.2017): The Middle East. Time for New Realism. UK
      Parliament. https://publications.parliament.uk/pa/ld201617/ldselect/ldintrel/159/15902.htm

98.   Blaschke, Ronnie (12.5.2024): Saudi Arabiens unzufriedene Jugend. SWR. https://www.
      swr.de/swrkultur/wissen/saudi-arabiens-unzufriedene-jugend-wie-sport-fuer-ruhe-sor-
      gen-soll-das-wissen-2024-05-13-104.html

99.   World Bank Report (16.5.2022): MENA Labor Markets Need Level Play-
      ing Field. https://www.worldbank.org/en/news/press-release/2022/05/16/
      mena-labor-markets-need-level-playing-field

100. *Gallup World Poll (24.2.2023): https://news.gallup.com/poll/468218/nearly-900-million-worldwide-wanted-migrate-2021.aspx*

ZERSTÖRUNGSKRAFT EINER LINIE IM SAND

101. *Wright, Robin (30.4.2016): How the Curse of Sykes Picot Still Haunts the Middle East. New Yorker. https://www.newyorker.com/news/news-desk/how-the-curse-of-sykes-picot-still-haunts-the-middle-east*

102. *McHugo, John (2014): Syria. A Recent History. Saqi Books. London. UK*

103. *Barr, James (1976): A Line in the Sand. W.W. Norton & Co. London. UK*

104. *Meyer, E. Karl (13.3.1991): How the Middle East Was Invented. New York Times. https://www.nytimes.com/1991/03/13/opinion/editorial-notebook-how-the-middle-east-was-invented.html*

105. *Henderson, Simon (22.10.2014): Lessons from Versailles for Today's Middle East. Washington Institut. https://www.washingtoninstitute.org/policy-analysis/lessons-versailles-todays-middle-east*

106. *Shuster, Mike (20.8.2004): „The Middle East and the West." NPR. https://www.npr.org/2004/08/20/3860950/the-middle-east-and-the-west-wwi-and-beyond*

DER GESCHEITERTE PLAN VOM KÖNIGREICH SYRIEN

107. *Fromkin (1989)*

108. *Zand, Bernhard (11.11.2023): Hass für ein Jahrhundert. Der Spiegel. https://www.spiegel.de/ausland/vertreibung-von-arabern-aus-palaestina-vor-75-jahren-hass-fuer-ein-jahrhundert-a-01c61c69-7cf9-47c8-a277-2fb405fbfdaa*

109. *Anderson, Scott (2013): Lawrence in Arabia. Random House. NY. USA*

110. *Radjv, Amir-Hussein (3.4.2015): Remaking the Middel East: Faisal and Lawrence of Arabia. Los Angeles Review of Books. https://lareviewofbooks.org/article/remaking-middle-east-faisal-lawrence-arabia/*

111. *The Economist (4.2.2017): Jordan Plays it Safe. https://www.economist.com/middle-east-and-africa/2017/02/04/jordan-plays-it-safe*

112. *Collins, Paul (ed.), Tripp, Charles (ed.) (2017): Gertrud Bell's Iraq. Oxford University Press. 2017*

VOM OSMANISCHEN REICH ZUR TÜRKEI

113. *Brendel, Gerd (29.7.2020): Das unverdaute Ende des Osmanischen Reichs. Deutschlandfunk. https://www.deutschlandfunkkultur.de/100-jahre-vertrag-von-sevres-das-unverdaute-ende-des-100.html*

114. *Otto, Frank; Völker, Tobias (August 2012): Der Genozid an den Armeniern: Ein verleugnetes Verbrechen. GEO. https://www.geo.de/wissen/weltgeschichte/genozid-an-den-armeniern--das-verleugnete-verbrechen-30185716.html*

115. *Stöber, Silvia (24.4.2021): Ein wichtiges Zeichen für Armenien. ARD. Tagesschau. https://www.tagesschau.de/ausland/europa/usa-armenier-voelkermord-101.html*

116. *Crisis Group (Juli 2024): Türkiye's PKK Conflict. https://www.crisisgroup.org/content/turkiyes-pkk-conflict-visual-explainer*

117. *Human Rights Watch (25.4.2023): Turkey. Pre-Election Crackdown on Kurds. https://www.hrw.org/news/2023/04/25/turkey-pre-election-crackdown-kurds*

2.2 VOM KALTEN KRIEG ZUM LAUEN FRIEDEN

118. *Dettmer, Jamie (16.10.2017): What Is Turkey Up to in Syria? VOA. https://www.voanews.com/a/turkey-syria-incursion/4072392.html*

119. *Campbell, John (1.4.1957): From "Doctrine" to Policy in the Middle East. Foreign Affairs. https://www.foreignaffairs.com/articles/united-states/1957-04-01/doctrine-policy-middle-east*

120. *Hanieyh, Adam (27.10.2012): Authoritarianism, Economic Liberalization, and the Roots of the 2011 Uprisings. Transnational Institute. https://www.tni.org/en/article/authoritarianism-economic-liberalization-and-the-roots-of-the-2011-uprisings*

ARABISCHE FRONT GEGEN ISRAEL

121. *Bertsch, Mathias (29.11.2017): Die Verabschiedung des UN-Teilungsplans für Palästina. Deutschlandfunk. https://www.deutschlandfunk.de/vor-70-jahren-die-verabschiedung-des-un-teilungsplans-fuer-100.html*

122. Sherman, Martin (7.10.2011): Into the Fray: Reassessing 'root causes' and 'red herrings'. Jerusalem Post. https://www.jpost.com/opinion/columnists/into-the-fray-reassessing-root-causes-and-red-herrings

123. Ramsauer. (2014)

JORDANIENS KÖNIGE IN SCHLÜSSELROLLEN

124. The Guardian (21.7.1951): Assassination of King Abdullah. https://www.theguardian.com/theguardian/1951/jul/21/fromthearchive

125. Lippman, Walter (8.2.1999): Hussein: A Lifetime Balancing Act. The Washington Post. https://www.washingtonpost.com/wp-srv/inatl/longterm/hussein/hussein.htm

126. AFP (12.10.2012): Israel signs deal to double water supply to Jordan. https://www.france24.com/en/live-news/20211012-israel-signs-deal-to-double-water-supply-to-jordan-1

127. Ramsauer, Petra (Juni 2024): Abdullah und die starken Frauen. Datum. https://datum.at/abdullah-und-die-starken-frauen/

128. Magid, Aaron (3.4.2024): Jordan Was Already Walking a Tightrope. Then the Gaza War Happened. Atlantic Council. https://www.atlanticcouncil.org/blogs/menasource/jordan-gaza-protests-israel-abdullah-economy/

129. AP (18.10.2023): Gaza Carnage Spreads Anger across Mideast. https://apnews.com/article/israel-gaza-hospital-jordan-egypt-protests-590f24d154fb3cb256ec1707ec78b816

130. CBS. Face the Nation (5.5.2024): https://www.cbsnews.com/news/queen-rania-al-abdullah-jordan-face-the-nation-05-05-2024/

131. Wilezol, David (1.5.2024): America Gets Its Money's Worth for Its Aid to Middle East Ally Jordan. https://thehill.com/opinion/national-security/4633208-america-gets-its-moneys-worth-for-its-aid-to-middle-east-ally-jordan/

ÄGYPTENS VORSTOSS ZUM FRIEDEN

132. Homes, Amy Austin (22.8.2022): Why Egypt's military orchestrated a massacre. Washington Post. https://www.washingtonpost.com/news/monkey-cage/wp/2014/08/22/why-egypts-military-orchestrated-a-massacre/

133. *Cook, Steven (9.8.2023): How Sisi Ruined Egypt. Foreign Policy. https://foreignpolicy. com/2023/08/09/egypt-economy-debt-imf-sisi-mega-projects/*

134. *Bar'el, Zvi (28.4.2024): Is Israel's Coveted Rafah Operation a Strategic Target or a Bargaining Chip? Ha'aretz. https://www.haaretz.com/israel-news/2024-04-28/ty-article/.premium/ is-israels-coveted-rafah-operation-a-strategic-target-or-a-bargaining-chip/0000018f-2160-dacd-a7ef-37e1dd300000*

135. *Malsin, Jared (30.5.2024): Israel's Rafah Offensive Puts Egypt in a Dangerous Spot. Wall Street Journal. https://www.wsj.com/world/middle-east/israels-rafah-offensi-ve-puts-egypt-in-a-dangerous-bind-6bf00b5b?mod=panda_wsj_author_alert*

136. *Crisis Group (27.2.2024): The Danger of Regional War in the Middle East. https://www. crisisgroup.org/middle-east-north-africa/east-mediterranean-mena/israelpalestine/ danger-regional-war-middle-east*

2.3 DIE GOLFSTAATEN IM AUFWIND

137. *Ramsauer, Petra (25.11.2023): Warum Katar zwischen der Hamas und Israel vermitteln kann. NZZ am Sonntag. https://www.nzz.ch/schweiz/katar-ist-der-neue-vermittlerstaat-ld.1782269*

138. *Al-Tamimi, Naser (18.6.2024): Qatar's Growing Invest-ments in Asia. ISPI. https://www.ispionline.it/en/publication/ qatars-growing-investments-in-asia-economics-vs-geopolitics-177964*

139. *Roberts, David (April 2019): Qatar's Islamist Soft Power. Berkely Center. Georgetown University. https://www.brookings.edu/wp-content/uploads/2019/04/FP_20190703_qatar_roberts. pdf*

140. *CNN (12.12.2023): https://edition.cnn.com/2023/12/11/middleeast/qatar-hamas-funds-isra-el-backing-intl/index.html*

DIE MACHT DER NEUEN »SCHEICHS«

141. *Alhasan, Hasan (10.10.2023): Gulf Bailout Diplomacy: Aid as Economic Statecraft in a Turbul-ent Region. IISS. https://www.iiss.org/research-paper/2023/10/gulf-bailout-diplomacy/*

142. *Young, Karen (2023): The Economic Statecraft of the Gulf Arab States. I. B.Tauris. New York.*

143. *Human Rights Watch. Bericht 2023. United Arab Emirates. https://www.hrw.org/ world-report/2024/country-chapters/united-arab-emirates*

144. *Kirchgaessner, Stephanie (25.10.2021): Saudi Crown Prince a 'Psychopath'. The Guardian. https://www.theguardian.com/world/2021/oct/25/ saudi-crown-prince-a-psychopath-says-exiled-intelligence-officer*

SAUDI ARABIENS WANDEL

145. *Gross, Samantha (5.6.2017): The Oil Weapon. Brookings. https://www.brookings.edu/ articles/the-1967-war-and-the-oil-weapon/*

146. *Bhaskar, Marc (7.10.2017): Radical Islam: Saudi Arabia's Other Export. Georgetown Security Studies Review. https://georgetownsecuritystudiesreview.org/2017/10/10/ radical-islam-saudi-arabias-other-export/*

147. *Zusammenfassung der Rede Netanyahus: https://news.un.org/en/story/2023/09/1141302*

148. *Staff, Toi (29.4.2018): Palestinians Must Make Peace or Shut up, Saudi Crown Prince Said to Tell US Jews. Times of Israel. https://www.timesofisrael.com/ palestinians-must-make-peace-or-shut-up-saudi-crown-prince-said-to-tell-us-jews/*

149. *Ashraq al-Awsat (27.5.204): https://english.aawsat.com/ gulf/5024716-saudi-fm-two-state-solution-basis-peace-security-region%C2%A0*

150. *Die Umfrageergebnisse sind hier abrufbar: https://www.dohainstitute.org/en/News/Pages/ arab-public-opinion-about-the-israeli-war-on-gaza.aspx*

3 IMPERIUM ISLAMISCHE REPUBLIK

151. *Der Wortlaut ist hier auf Englisch abrufbar: https://english.khamenei.ir/news/10841/ Al-Aqsa-Flood-A-historic-operation-protecting-the-region-and*

152. *Summer, Said (8.10.2023): Iran Helped Plot Attack on Israel Over Several Weeks. Wall Street Journal https://www.wsj.com/world/middle-east/iran-israel-hamas-strike-planning-bbe07b25*

153. *Remnick. 2024*

154. *Reuters (10.10.2023): https://www.reuters.com/world/middle-east/ irans-khamenei-says-tehran-was-not-behind-hamas-attack-israel-2023-10-10/*

155. Maloney, Suzanne (2024): Iran's Order of Chaos. Foreign Affairs. https://www.foreignaffairs.com/iran/irans-order-chaos-suzanne-maloney

156. Frachon, Alain (18.4.2024): Les deux piliers de la théocratie iranienne. Le Monde. https://www.lemonde.fr/idees/article/2024/04/18/les-deux-piliers-de-la-theocratie-iranienne-le-nucleaire-et-les-gardiens-de-la-revolution-trouvent-leur-origine-dans-la-guerre-iran-irak-des-annees-1980_6228423_3232.html

157. Ramsauer, Petra (4.2.2024): Eine neue Art von Drohnen verändert den Krieg. NZZ am Sonntag. https://www.nzz.ch/nzz-am-sonntag/kiran-veraendert-mit-billig-drohnen-das-wesen-des-krieges-rieg-der-drohnen-ld.1777297

158. Daten zum Angriff des Irans. The Economist (18.4.2024): https://www.economist.com/middle-east-and-africa/2024/04/18/one-of-the-middle-easts-oldest-conflicts-has-entered-a-new-era

3.1 DER KAMPF UM IRANS ZUKUNFT

159. Ramsauer, Petra (24.9.2022): Moderne Frauen sind eine Kriegserklärung. NZZ am Sonntag. https://www.nzz.ch/international/iran-moderne-frauen-sind-eine-kriegserklaerung-an-das-regime-ld.1784712

160. Bouzari, Rahman, Fathollah-Nejad, Ali (26.9.2022): In Hijab Protests, Iranians Reveal Their Oppressive Rulers. New Lines Magazine. https://newlinesmag.com/argument/in-hijab-protests-iranians-reveal-their-oppressive-rulers/

161. Der Abschlussbericht der UN-Untersuchungskommission wurde am 26. März in Genf im Rahmen der 55. ordentlichen Sitzung des Menschenrechtsrates vorgestellt. https://www.ohchr.org/en/stories/2024/03/woman-life-freedom-survivors-want-end-state-impunity-iran

162. Khalaji, Mehdi (28.9.2022): How Iran's Protests Differ from Past Movements. The Washington Institute for Near East Policy. https://www.washingtoninstitute.org/policy-analysis/how-irans-protests-differ-past-movements

163. siehe: The Economist (Februar 2024): https://www.economist.com/middle-east-and-africa/2024/02/28/as-iran-scares-the-middle-east-at-home-its-regime-rots

164. *Die Umfrage lässt sich hier nachlesen. https://gamaan.org/wp-content/uploads/2019/04/*
    gamaan-referendum-survey-report-english-2019.pdf

DIE ISLAMISCHE REVOLUTION VERLIERT IHRE KINDER

165. *Radio Farda (11.7.2019): https://en.radiofarda.com/a/more-high-level-corruption-revela-*
    tions-in-iran-s-banking-sector/30048946.html

166. *IMF (April 2024): The Middle East and Central Asia. https://*
    www.imf.org/en/Publications/REO/MECA/Issues/2024/04/18/
    regional-economic-outlook-middle-east-central-asia-april-2024

167. *Picheta, Rob (15.4.2024): Why Iran Attacked Israel and What Comes Next. CNN. https://edition.*
    cnn.com/2024/04/14/middleeast/why-iran-attack-israel-intl/index.html

168. *Übersetzung der Medien-Berichte siehe: Iran Insights (24.6.2024): Sanctions Cost Iran $1.2*
    Trillion Over 12 Years, Businessman Says. https://www.iranintl.com/en/202406244025

169. *Iran Wire (7.6.2024): https://iranwire.com/en/*
    news/130348-iranian-activist-faces-espionage-insult-charges/

170. *Die Daten stammen von Amnesty International; Bericht aus dem Januar 2024. https://www.*
    amnesty.de/iran-todesstrafe-853-hinrichtungen-im-jahr-2023

171. *siehe: France 24 (10.6.2022): https://www.france24.com/en/*
    live-news/20220610-iran-convicts-facing-abhorrent-finger-amputation-activists

172. *Parent, Deepa (13.9.2023): Iran's 'Gender Apartheid' Bill. The Guardi-*
    an. https://www.theguardian.com/global-development/2023/sep/13/
    irans-gender-apartheid-bill-could-jail-women-for-10-years-for-not-wearing-hijab

173. *Loghmany, Amir; Ramsauer, Petra (14.9.2019): Irans Jugend foutiert*
    sich um Religion. NZZ am Sonntag. https://www.nzz.ch/international/
    iran-die-bevoelkerung-loest-sich-vom-religioesen-diktat-ld.1794553

DIE NÄCHSTE REVOLUTION DER ULTRAKONSERVATIVEN

174. Ryan-Mosley Tate (15.12.2021): This Huge Chinese Company is Selling Video Sur-
veillance Systems to Iran. MIT Technology Review. https://www.technologyreview.
com/2021/12/15/1042142/chinese-company-tiandy-video-surveillance-iran/

175. AP (8.6.2024): Iran helicopter crash shows Tehran's reliance on an aging fleet as well as its
challenges at home. https://english.ahram.org.eg/News/525075.aspx

176. Bozorgmehr, Najemeh (7.7.2024): The Heart Surgeon Turned Iranian President Pledging
New Nuclear talks. Financial Times. https://www.ft.com/content/5e7e80b3-4b46-4cce-a762
-c95705201753?shareType=nongift

WIESO IRANS HÖCHSTER FÜHRER ALLMÄCHTIG IST

177. Sehr einleuchtend erklärt das System die Islamwissenschaftlerin Katajun Amirpur in diesem
Interview: Deutschlandfunk (28.2.2021): https://www.deutschlandfunkkultur.de/ayatol-
lah-khomeini-der-revolutionaer-des-islam-100.html

178. Ein guter grafischer Überblick ist auf der Website der BBC zu finden: http://news.bbc.co.uk/2/
shared/spl/hi/middle_east/03/iran_power/html/default.stm

179. Daten siehe Toumaj (2021) und Radio Farda (2021): https://en.radiofarda.com/a/four-khame-
nei-linked-institutions-own-60-percent-of-iran-s-national-assets-says-politician/30177579.html

180. Reuters (2013): Khamenei Controlls Financial Empire. https://www.reuters.com/investigates/
iran/#article/part1

181. Saeidi, Ali (2019): Iranian Para-governmental Organizations (bonyads). The Middle East Institute. https://www.mei.edu/publications/iranian-para-governmental-organizations-bonyads

182. Toumaj, Amir (2021): After Khamenei. News Lines Magazine. https://newlinesmag.com/
argument/after-khamenei/

183. Esfandiari, Golnaz (2016): Montazeri Comes Back to Haunt Tehran Over Mass Killings. Radio
Free Europe. https://www.rferl.org/a/iran-montazeri-comes-back-to-haunt-1988-mass-kil-
lings/27975961.html

184. Eshraghi, Ali Reza (2024): Iran's Coming Succession Crisis. Foreign Affairs. https://www.
foreignaffairs.com/iran/irans-coming-succession-crisis

185. Khalaji, Mehdi (2009): The House of the Leader. Washington Institute. Policy Analysis. https://www.washingtoninstitute.org/policy-analysis/house-leader-real-power-iran

186. Zamirirad, Azadeh (2023): Iran im Umbruch. SWP Studie. https://www.swp-berlin.org/publications/products/studien/2023S03_iran_umbruch.pdf

187. Ghaffari, Bita (22.3.2024): Iran's Young 'Super-Revolutionaries' Lay Claim to Legacy of Islamic revolt. Financial Times. https://www.ft.com/content/323a60d1-1685-49a5-ad33-6ef57b5e5983

3.2 KOLLISIONSKURS MIT ISRAEL & DEN USA

188. Frachon, Alain (18.4.2024): Les deux piliers de la théocratie iranienne Le Monde. https://www.lemonde.fr/idees/article/2024/04/18/les-deux-piliers-de-la-theocratie-iranienne-le-nucleaire-et-les-gardiens-de-la-revolution-trouvent-leur-origine-dans-la-guerre-iran-irak-des-annees-1980_6228423_3232.html

189. Frankfurter Allgemeine Zeitung (21.5.2016): https://www.faz.net/aktuell/politik/ausland/naher-osten/iran-stellt-provokative-holocaust-karikaturen-aus-14240138.html

190. Ramsauer, Petra (11.1.2020): USA und Iran. Geschichte einer Feindschaft. NZZ am Sonntag. https://www.nzz.ch/international/usa-und-iran-geschichte-einer-feindschaft-ld.1793335

191. Kinzer, Stephen (2004): All the Shah's Men. Hoboken, NJ. John Wiley & Sons.

192. Gerges, Fawaz (2024): What Really Went Wrong. The West and the Failure of Democracy in the Middle East. Yale University Press.

193. AP (25.8.2023): https://apnews.com/article/iran-1953-coup-us-tensions-3d391c0255308a7c13d32d3c88e5f54f

ATOMWAFFEN ALS KRIEGSGRUND

194. Scheindlin, Dahlia (24.7.2024): Netanyahu Will Warn Congress About Iranian Aggression. Ha'aretz. https://www.haaretz.com/israel-news/2024-07-24/ty-article-magazine/.premium/netanyahu-will-warn-congress-about-the-iranian-threat-his-iran-policy-has-been-disastrous/00000190-e00c-d2bf-a7f9-f0ff06130000

195. Klutstein, Eli (16.6.2024): Can Israel Strike Iran Successfully? Israel Hayom. https://www.israelhayom.com/2024/06/16/can-israel-really-strike-iran/

196. Liechtenstein, Stefanie (29.8.2024): Iran has further increased its Stockpile of Uranium enriched to near weapons-grade Levels, UN says. https://apnews.com/article/iran-nuclear-iaea-enriched-uranium-stockpile-9c86e5788a8bb45eab1337d5f6c10121#

197. Albright, David (2024): How Quickly Could Iran Make Nuclear Weapons Today? Institute for Science and International Security. https://isis-online.org/isis-reports/detail/how-quickly-could-iran-make-nuclear-weapons-today

198. Fazeli, Yaghoub (18.4.2024): IRGC Commander Cuggests Iran May Reconsider Stance. Al Arabiya. https://english.alarabiya.net/News/middle-east/2024/04/18/irgc-commander-suggests-iran-may-reconsider-no-nukes-policy-amid-israeli-threats

3.3 SCHLEICHENDER MILITÄR-PUTSCH

199. Ramsauer, Petra (20.4.2024): In Iran war bisher der spirituelle Führer die höchste Macht im Land, der Angriff auf Israel zeigt jedoch, dass dies wohl bald nicht mehr der Fall ist. NZZ am Sonntag. https://www.nzz.ch/international/khamenei-geht-zum-angriff-ueber-ld.1827035

200. FP Explainer (14.4.2024): What is the Islamic Revolutionary Guard Corps? First Post. https://www.firstpost.com/explainers/iran-islamic-revolutionary-guard-corps-iran-attack-israel-ayatollah-khamenei-islamic-revolution-13759456.html

201. Diskussion veranstaltet vom Think Tank Chatham House am 24.1.2014. Videomitschnitt abrufbar unter: https://www.chathamhouse.org/events/all/open-event/understanding-role-iran-regional-escalation

202. Dagher, Munqith (30.7.2020): The Iranian Islamic Revolutionary Guard Corps. CSIS. https://www.csis.org/analysis/iranian-islamic-revolutionary-guard-corps-irgc-iraqi-view-lost-role-or-bright-future

203. BBC (3.1.2020): Iran's Revolutionary Guards. https://www.bbc.com/news/world-middle-east-47852262

204. Dehghan, Saeed Kamali (12.10.2017): Is Iran's Revolutionary Guard a Terror Group? The Guardian. https://www.theguardian.com/world/2017/oct/12/its-become-a-monster-is-irans-revolutionary-guard-a-terror-group

205. *The Economist (15.11.2023): https://www.economist.com/*
      the-economist-explains/2023/11/15/what-is-irans-axis-of-resistance

206. *Rubin, Alessa; Gamio Lazaro (6.4.1024): Power by Proxies. The New York Times. https://www.*
      nytimes.com/interactive/2024/04/06/world/middleeast/iran-hamas-hezbollah-houthis-iraq.
      html

207. *Balanche, Fabrice (2018): The Iranian Land Bridge in the Levant. Telos. https://shs.hal.*
      science/halshs-03175778

208. *Alamuddin, Baria (24.4.2017): The Stealthy Hezbollahzation Of Iraq. The New Arab. https://*
      www.eurasiareview.com/24042017-the-stealthy-hezbollahzation-of-iraq-oped/

WIE EIN GENERAL EIN TERRORHEER ERFAND

209. *Sly, Liz e.a. (1.1.2024): Iran Showcases its Reach with Militia Attacks across Midd-*
      le East. Washington Post. https://www.washingtonpost.com/world/2024/01/01/
      iran-militias-gaza-israel/

210. *Nicolas Pelham (20.10.2023): Hamas's Deadly Phantom. The Economist. www.economist.*
      com/1843/2023/

211. *Ramsauer, Petra (15.6.2019): General Soleimani. Der Krie-*
      ger im Schatten. NZZ am Sonntag. https://www.nzz.ch/international/
      kassem-soleimani-er-galt-als-naechster-starker-mann-in-iran-ld.1795390

212. *McKenzie, Kenneth (24.5.2024): I Carried Out the Strike That Killed Solei-*
      mani. The Atlantic. https://www.theatlantic.com/ideas/archive/2024/05/
      qassem-soleimani-iran-middle-east/678472/

SO WURDE DER HAMAS-TERROR GEPLANT

213. *Institute for The Study of War (6.3.2024), Iran Update. https://www.understandingwar.org/*
      backgrounder/iran-update-march-6-2024

214. *Said, Summer (e. a.) (8.10.2023): Iran Helped Plot Attacks. The*
      Wall Street Journal. https://www.wsj.com/world/middle-east/
      iran-israel-hamas-strike-planning-bbe07b25?mod=article_inline

215. Fassihi, Farnaz (13.10.2023): Hamas Attack Brings New Scrutiny of Group's Ties to Iran. New York Times. https://www.nytimes.com/2023/10/13/world/middleeast/hamas-iran-israel-attack.html

216. Mroue, Bassem (23.6.2024): Thousands of Iran-backed Fighters Offer to Join Hezbollah in Its Fight against Israel. AP. https://apnews.com/article/lebanon-israel-iraq-syria-hezbollah-fighters-iran-1e3359917f252862f4ed3d4b3df1d43e

MIT BILLIG-DROHNEN UND SOCIAL MEDIA WIRD KRIEG GEFÜHRT

217. Bajoghli, Narges; Nasr, Vali (2024): How the War in Gaza Revivied the Axis of Resistance. Foreign Affairs. https://www.foreignaffairs.com/united-states/how-war-gaza-revived-axis-resistance

218. Brooking, Emerson e. a. (21.12.2023): How Social Media Platforms Shaped Our Initial Understanding of the Israel-Hamas Conflict. Atlantic Council. https://www.atlanticcouncil.org/content-series/the-big-story/distortion-by-design-how-social-media-platforms-shaped-our-initial-understanding-of-the-israel-hamas-conflict/

219. Merrat, Arron (6.9.2021): How Iran's Missile Strategy Has Rewritten the Rules of Middle Eastern Wars. New Lines Magazine. https://newlinesmag.com/reportage/how-irans-missile-strategy-has-rewritten-the-rules-of-middle-eastern-wars/

220. Horton, Alex; Salim, Mustafa (5.8.2024): Houthi Drone Expert Among Those Killed in U.S. Strike in Iraq. Washington Post. https://www.washingtonpost.com/national-security/2024/08/05/us-strike-iraq-houthi-drone/

4 RISIKO ZERBRECHENDE STAATEN

221. The Guardian (20.11.2023): Yemen's Houthi Rebels Seize Cargo Ship in Red Sea. https://www.theguardian.com/world/2023/nov/20/yemen-houthi-rebels-seize-cargo-ship-galaxy-leader-red-sea-israel

222. Ramsauer, Petra (9.12.2023): Die neuen Piraten. NZZ am Sonntag. https://www.nzz.ch/international/houthis-die-neuen-piraten-am-roten-meer-ld.1782172

223. Lubold, Gordon (12.6.2024): How an Iranian-Backed Militia Ties Down U.S. Naval Forces in the Red Sea. Wall Street Journal. https://www.wsj.com/world/middle-east/how-an-iranian-

backed-militia-ties-down-u-s-naval-forces-in-the-red-sea-3821056c?mod=Searchresults_
pos2&page=1

224. *Defense Intelligence Agency (5.4.2024): Yemen. https://www.dia.mil/Portals/110/Images/
News/Military_Powers_Publications/YEM_Houthi-Attacks-Pressuring-International-Trade.
pdf*

225. *Sharpe, Tom (24.8.2024): The Houthis have defeated the US Navy.
The Telegraph. https://www.telegraph.co.uk/news/2024/08/24/
red-sea-houthis-us-navy-prosperity-guardian-iran-gaza/*

226. *Dayan, Linda (6.11.2023): Who Are the Houthis and Why Are They Attacking Israel. Ha'aretz.
https://www.haaretz.com/haaretz-explains/2023-11-06/ty-article-magazine/.premium/
explained-who-are-the-houthis-and-why-are-they-attacking-israel/0000018b-a4da-da24-
a1cb-b7de6c5f000*

227. *Knights, Michael (28.9.2023): Yemen's Southern Hezbollah. Washington Institute. https://www.washingtoninstitute.org/policy-analysis/
yemens-southern-hezbollah-celebrates-coup-anniversary-deadly-fashion*

HISBOLLAH-ISIERUNG: DIE POLITISCHE MACHT DER MILIZEN

228. *The Economist. (25.4.2024): https://www.economist.com/
middle-east-and-africa/2024/04/25/the-middle-east-has-a-militia-problem)*

229. *Center for Strategic Studies (2024): The Coming Conflict with Hezbollah. https://www.csis.
org/analysis/coming-conflict-hezbollah*

230. *The Economist (2.7.2024): The Next Terrifying War. https://www.economist.com/
middle-east-and-africa/2024/07/02/the-next-terrifying-war-israel-v-hizbullah*

231. *Ghattas, Kim (6.7.2024): Nothing Good Would Come of an Israeli War in Lebanon. The Atlantic. https://www.theatlantic.com/international/archive/2024/07/nothing-good-would-co-
me-israeli-war-lebanon-hezbollah/678921/?taid=66895473bd50270001089b71&utm_campaig-
n=the-atlantic&utm_content=true-anthem&utm_medium=social&utm_source=twitter*

232. *Zum Bürgerkrieg im Libanon, der hier nur knapp zusammengefasst ist, bietet diese Analyse
einen guten Überblick: Gaub, Florence (2015): Lebanon's Civil War. European Institute for*

Security Studies. Hier abrufbar: https://www.files.ethz.ch/isn/189966/Alert_21_Lebanon_ci-
vil_war.pdf

233. Beaumont, Peter (27.6.2024): Hassan Nasrallah. Profile. The Guardian. https://www.theguar-
dian.com/world/article/2024/jun/27/hassan-nasrallah-hezbollah-leader-profile

234. Levitt, Matthew (2022): Hezbollah's Regional Activities in Support of Iran's
Proxy Networks. Middle East Institute. https://www.mei.edu/publications/
hezbollahs-regional-activities-support-irans-proxy-networks

235. Reuters (21.6.2022): https://www.reuters.com/world/middle-east/
hamas-restore-syria-ties-after-10-years-dispute-sources-say-2022-06-21/

236. Sly, Liz e. a. (1.1.2024)

237. Yaha, Maha (2024): Israel's Next Front. Foreign Affairs. https://www.foreignaffairs.com/
israel/israels-next-front

238. Trauger, Katherine (2024): Examining Extremism: Hezbollah. Center for Strategic and International Studies. https://www.csis.org/blogs/examining-extremism/
examining-extremism-hezbollah

239. Knight, Michael (2023): Yemen's Southern Hezbollah. The Washington Institute for Near East Policy. https://www.washingtoninstitute.org/policy-analysis/
yemens-southern-hezbollah-celebrates-coup-anniversary-deadly-fashion

4.1 LIBANON IN GEISELHAFT DER HISBOLLAH

240. Council of Foreign Relations (2023): What is Hezbollah? https://www.cfr.org/backgrounder/
what-hezbollah

DIE BEVÖLKERUNG ALS GEISEL DER HISBOLLAH-KRIEGE

241. Karam, Patricia (12.6.2024): Israel's Lost Deterrence and the Coming Conflict
with Hezbollah. Arab Center. Washington DC. https://arabcenterdc.org/resource/
israels-lost-deterrence-and-the-coming-conflict-with-hezbollah/

242. Siehe dazu die Verlängerung des Mandates 2023: https://unifil.unmissions.org/
unifil%E2%80%99s-mandate-renewed

243. *The New Arab (21.6.2024): Hezbollah's Arsenal Presents New Threat to Israel. https://www. newarab.com/news/no-more-mowing-grass-hezbollahs-drones-ups-ante*

244. *Jalabi, Raya e. a. (27.6.2024): Israel's Push to Create a 'Dead zone' in Lebanon. Financial Times. https://www.ft.com/content/9b4c3cab-13b6-4195-a496-555c7a1db15b*

245. *MEMRI (Oktober 2020): Critizism in Lebanon. https://www.memri.org/reports/ criticism-lebanon-government-has-no-authority-iran-and-hizbullah-decide-matters-war-and*

246. *Ramsauer, Petra (April 2021): Die Hauptstadt der Resilienz. Datum. (https://datum.at/ die-hauptstadt-der-resilienz/*

247. *Yassine, Mohammed (26.2.2024): The al-Sajjad Card, Hezbollah's New Weapon. L'Orient Today. https://today.lorientlejour.com/article/1369441/the-al-sajjad-card-hezbollahs-new-weapon.html*

248. *Smith, Saphora (2.11.2019): Why Is Iran so Afraid of Iraqi and Lebanese Anti-government Protests? NBC. https://www.nbcnews.com/news/world/ why-iran-so-afraid-iraqi-lebanese-anti-government-protests-n1074456*

DER TERROR DES STAATES IM STAAT

249. *The Economist (25.4.2024): https://www.economist.com/ middle-east-and-africa/2024/04/25/the-middle-east-has-a-militia-problem*

250. *Worth, Robert (10.5.2008): Hezbollah Seizes Swath of Beirut. New York Times. https://www. nytimes.com/2008/05/10/world/middleeast/10lebanon.html*

251. *AP (2024): https://apnews.com/article/argentina-1994-jewish-center-bombing-iran-investigation-36b4f9cbe20900d39d8f28477589a444*

252. *Europol (13.7.2022): European Union Terrorism Situation and Trend report 2022 (TE-SAT). https://www.europol.europa.eu/publication-events/main-reports/ european-union-terrorism-situation-and-trend-report-2022-te-sat*

253. *Cengiz, Mahmut; Pardo-Herrera, Camilo (25.4.2023): Hezbollah's Global Network and Latin American Cocain Trade. Small Wars Journal. https://smallwarsjournal.com/jrnl/art/ hezbollahs-global-networks-and-latin-american-cocaine-trade*

254. *Rose, Caroline; Shaar, Karam (2021): Captagon Endgame. New Lines Institute. https://newlines-institute.org/state-resilience-fragility/illicit-economies/the-syrian-regimes-captagon-endgame/*

4.2 STELLVERTRETERKRIEGE IN SYRIEN

255. Cornell, Jonathan e. a. (2022): The Kingdom versus Captagon. Arab News. https://www.arabnews.com/KingdomVsCaptagon

256. Foreign Office, Press Release (28.3.2023): Tackling the Illicit Drug Trade Fuelling Assad's War Machine. https://www.gov.uk/government/news/tackling-the-illicit-drug-trade-fuelling-assads-war-machine#:~:text=The%20UK%20and%20US%20have,worth%20up%20to%20%2457%20billion.&text=Seized%20captagon%20pills.

257. Siehe Bericht vom Februar 2014: UNOCHA. https://www.unocha.org/news/un-relief-chief-warns-security-council-deepening-humanitarian-crisis-syria

258. Stel, Nora; Lindberg, Annicka (14.6.2023): Beware of the Circular Logic Encouraging Refugee Returns to Syria. The New Humanitarian. https://www.thenewhumanitarian.org/opinion/2023/06/14/beware-circular-logic-encouraging-refugee-returns-syria

259. Tello, Anan (15.2.2023): What the Intensifying US-Iran Proxy War Means. The New Arab. https://www.arabnews.com/node/2460791/middle-east

SYRIEN IST LÄNGST ZERFALLEN

260. Zum Bürgerkrieg in Syrien im Detail siehe: Ramsauer, Petra (2017).

WIE RUSSLAND UND DER IRAN DAS LAND EROBERTEN

261. Ba'rel Zvi (22.4.2024): In Iran's Eyes, Tehran Is Surrounded by Enemies and Struggling to Survive. Ha'aretz. https://www.haaretz.com/news/middle-east/2024-04-22/ty-article/.premium/in-irans-eyes-tehran-is-surrounded-by-enemies-and-struggling-to-survive/0000018f-0497-d224-a9cf-05f7d2170000

262. Boussel, Pierre (2023): The Quds Force in Syria. Combating Terrorism Center. Westpoint. https://ctc.westpoint.edu/the-quds-force-in-syria-combatants-units-and-actions/

263. Al Majallah (19.8.2023): Syria Has 830 Foreign Military Sites. https://en.majalla.com/node/297751/politics/syria-has-830-foreign-military-sites-70-belong-iran

264. Chulov, Martin (14.1.2017): Iran Repopulates Syria with Shia Muslims. The Guardian. https://www.theguardian.com/world/2017/jan/13/irans-syria-project-pushing-population-shifts-to-increase-influence

265. *Reuters. (30.9.2025): https://www.reuters.com/article/us-mideast-crisis-syria-putin/ syrias-assad-wrote-to-putin-over-military-support-statement-idUSKCN0RU17Y20150930/*

266. *Balanche, Fabrice (2024): Les Leçons de la crise syrienne. Odile Jacob. Paris*

267. *Notte, Hana (15.7.2024): What Russia Wants in the Middle East. Foreign Affairs. https:// www.foreignaffairs.com/russia/what-russia-wants-middle-east*

268. *Haid, Haid (22.4.2024): The Strike on Iran's Consulate in Syria. Chatham House. https://www. chathamhouse.org/2024/04/strike-irans-consulate-syria-could-be-spark-ignites-middle-east*

269. *Tokmyan, Armenak; Khaddour, Kheder (21.3.2024): Why Iranian Entrenchment in Southern Syria Worries Neighboring Countries. Carnegie Middle East Center. https://carnegieendow-ment.org/research/2024/04/why-iranian-entrenchment-in-southern-syria-worries-neigh-boring-countries?lang=en&center=middle-east*

270. *Zaccour, Amélie (11.12.2023): The Golan, a Possible New Front against Israel? L'Orient Le Jour. https://today.lorientlejour.com/article/1360539/the-golan-a-possible-new-front-against-israel.html*

4.3 DIE IRAKISCHE SCHIITENARMEE

271. *ALMA Research Center (27.10.2023): The Al Bukamal Border Region Controlled by Iran. https://israel-alma.org/2023/10/27/the-al-bukamal-border-region-controlled-by-iran/*

272. *Loveluck, Louisa; Salim, Mustafa (7.11.2019): An uprising in Iraq is the broadest in decades. Washington Post. https://www.washingtonpost.com/world/middle_east/an-uprising-in-iraq-is-the-broadest-in-decades-its-posing-an-alarming-threat-to-baghdad-and-tehr-an/2019/11/06/82c695a8-ff38-11e9-8341-cc3dce52e7de_story.html*

273. *AFP (11.5.2024): https://www.al-monitor.com/originals/2024/05/ iraq-hopes-oil-reserves-will-exceed-160-bn-barrels-minister*

274. *International Center for Transitional Justice (2024): Iraq. Background. https:// www.ictj.org/where-we-work/iraq#:~:text=Hussein's%20rule%20was%20also%20 characterized,executed%20more%20than%20100%2C000%20Kurds.*

WIE AMERIKAS INVASION DAS LAND ZERRÜTTETE

275. *Die Daten zum Irak-Konflikt stammen von der Initiative der Brown University: „Cost of War".* https://watson.brown.edu/costsofwar/costs/human/civilians/iraqi#:~:text=However%2C%20 we%20know%20that%20between,the%20invasion%20through%20March%202023. *Sowie:* NBC (20.3.2023): The Iraq-War by Numbers. https://www.nbcnews.com/meet-the-press/ meetthepressblog/iraq-war-numbers-rcna75762

276. *Mansour, Renad (20.3.2023): Why Iraqi Democracy Never Stood a Chance. Foreign Affairs.* https://www.foreignaffairs.com/iraq/why-iraqi-democracy-never-stood-chance

BAGDAD ALS VORHOF DER MACHT TEHERANS

277. *Jiyad, Sajad: (2023): God's Man in Iraq: The Life and Leadership of Grand Ayatollah Ali al-Sistani. Century Foundation.* https://tcf.org/content/book/gods-man-in-iraq/

278. *Arkady, Ali (27.5.2017): Das sind nicht Helden. Das sind Monster. Der Spiegel.* https://www. spiegel.de/spiegel/anti-is-sondereinheit-im-irak-foltert-vergewaltigt-und-toetet-a-1149000. html

279. *Bakwan, Adel (Oktober 2023): In Iraq the Hashd Call the Shots. Le Monde Diplomatique.* https://mondediplo.com/2023/10/04iraq

280. *The Economist. (25.4.2024)*

281. *Azizi, Arash (30.1.2014): Iran's Proxies Are Out of Control. The Atlantic.* https://www.theat-lantic.com/international/archive/2024/01/iran-iraq-militias-war/677295/

282. *Knights, Michael (1.2.2024): What the U.S. Should Demand in a Dialogue with Iraqi PM Sudani. Washington Institute.* https://www.washingtoninstitute.org/policy-analysis/ what-us-should-demand-dialogue-iraqi-pm-sudani

283. *al-Kaabi, Amir e. a. (2024): Iraqi PMF Chief of Staff Commits to Fulfilling Irans Plans. Washington Institute.* https://www.washingtoninstitute.org/policy-analysis/ iraqi-pmf-chief-staff-commits-fulfill-iranian-supreme-leaders-plans

284. *Hawach, Nanar (2024): How Iraq Seeks to Exploit the Gaza War. Crisis Group.* https://www.crisisgroup.org/middle-east-north-africa/east-mediterranean-mena/syria/ how-iran-seeks-exploit-gaza-war-syrias

285. AFP (4.2.24): *Hashd Chief Demands Withdrawal of US-led Coalition from Iraq. https://www. arabnews.com/node/2453981/middle-east*

5 ZWEI STAATEN – EINE LÖSUNG

286. Khalidi, Rashid (4.7.2024): *History and the War on Gaza. Qantara. https://qantara.de/en/ article/new-phase-middle-east-conflict-history-and-war-gaza.* Und(2007) *The Iron Cage. Colombia University Press. New York.*

287. Cohen, Hillel (2015): *1929. Year Zero. Brandeis University Press. Boston.*

288. Sand, Shlomo (29.11.2023): *Left-wing Jews Are Torn Between Their Values and the Intensifying Conflict. New Statesman. https://www.newstatesman.com/ideas/2023/11/ shlomo-sand-left-wing-jews-values-conflict*

289. Benn, Aluf (7.2.2024): *Israel's Self-Destruction. Foreign Affairs. https://www.foreignaffairs. com/israel/israels-netanyahu-self-destruction*

290. Hamid, Nafees (16.1.2024): *Psychology Explains Why the Israeli–Palestinian Conflict is so Intractable. CNN. https://edition.cnn.com/2024/01/16/opinions/opinion-psychology-of-israeli-palestinian-conflict-hamid/index.html*

291. Magid, Jacob (18.7.2024): *Knesset Votes Overwhelmingly against Palestinian Statehood. Times of Israel. https://www.timesofisrael.com/ knesset-votes-overwhelmingly-against-palestinian-statehood-days-before-pms-us-trip/*

292. Walker, Marcus; Abdulkarim, Fatima (18.8.2024): *The Way to Fix the Middle East Conflict Looks Obvious – Except to Israelis and Palestinians*

ANSÄTZE ZUR LÖSUNG DER KRISE

293. Knell, Yolande (14.8.2024): *Israeli Minister Denounced. BBC. https://www.bbc.com/news/ articles/cg58yj57jdeo*

294. Indyk, Martin (20.2.2024): *The Strange Resurrection of the Two-State Solution. Foreign Affairs. https://www.foreignaffairs.com/israel/martin-indyk-palestine-strange-resurrection-two-state-solution*

295. Ross, Dennis (7.8.2024): *Biden's Middle East Moonshot. Foreign Affairs. https://www.foreignaffairs.com/united-states/bidens-middle-east-moonshot*

STÖRFEUER DER ACHSE DER AUTOKRATEN

296. Geranmayeh, Ellie; Grajewski, Nicole (6.9.2023): Alone Together. https://ecfr.eu/publication/alone-together-how-the-war-in-ukraine-shapes-the-russian-iranian-relationship/

297. Rauch, Jonathan (1.7.2024): The World Is Realigning. The Atlantic. https://www.theatlantic.com/ideas/archive/2024/07/russia-china-nato-axis-resistance/678831/

298. Dettmer, Jamie (10.10.2023): Hamas' Gift to Vladimir Putin. Politico. https://www.politico.eu/article/hamas-gift-russia-vladimir-putin-international-crises-russia-israel-palestine/

299. Siehe: The Wall Street Journal (30.5.2024): https://www.wsj.com/world/how-america-inadvertently-created-an-axis-of-evasion-led-by-china-0a9bc477?mod=hp_lead_pos7

DIE ALTERNATIVE: EIN GROSSER KRIEG

300. Hecht, Eoado; Shamir, Eitan (29.5.2024): Does Israel Need a Large Army If It Has Advanced Technology? BESA https://besacenter.org/does-israel-need-a-large-army-if-it-has-advanced-technology/

301. STIMSON CENTER (5.7.2024): Scenarios for the Middle East to 2026: Worse Before It's Better https://www.stimson.org/2024/scenarios-for-the-middle-east-in-2026-worse-before-its-better/

302. Rogers, Katie (26.10.2023): Jake Sullivan's 'Quieter' Middle East Comments Did Not Age Well. New York Times. https://www.nytimes.com/2023/10/26/us/politics/jake-sullivan-foreign-affairs-israel-middle-east.html

303. Gambrell, Jon (14.6.2024): US Navy Faces its Most Intense Combat Since World War II Against Yemen's Iran-backed Houthi Rebels. AP. https://apnews.com/article/us-navy-yemen-houthis-israel-war-7a9997f9d84ac669fae69ecf819913fb

304. Siehe: https://x.com/ChemiShalev/status/1820282097568735385